HONORINE

II

PARIS,
L. DE POTTER, LIBRAIRE-ÉDITEUR,
Rue Saint-Jacques, 38.

1845

HONORINE.

HONORINE

PAR

M. de Balzac.

2

PARIS
DE POTTER, ÉDITEUR,
RUE SAINT-JACQUES, 38.

1844

CHAPITRE XXXII

XXXII

La réflexion du jeune homme et celle de l'homme marié.

Après avoir pris de cette lettre la copie que voici pour garder ce monument en entier, j'allai rue Payenne.

L'inquiétude avait vaincu l'opium.

Octave se promenait comme un fou dans son jardin.

— Répondez à cela, lui dis-je en lui donnant la lettre de sa femme. Tâchez de rassurer la pudeur instruite. C'est un peu plus difficile que de surprendre la pudeur qui s'ignore et que la curiosité vous livre.

— Elle est à moi!... s'écria le comte dont la figure exprimait le bonheur à mesure qu'il avançait dans sa lecture.

Il me fit signe de la main de le laisser seul, en se sentant observé dans sa joie.

— Je compris que l'excessive félicité comme l'excessive douleur obéissent aux mêmes lois, j'allai recevoir madame de Courteville et Amélie, qui dînaient chez le comte ce jour-là.

Quelque belle que fût mademoiselle de

Courteville, je sentis, en la revoyant, que l'amour a trois faces et que les femmes qui nous inspirent un amour complet sont bien rares.

En comparant involontairement Amélie à Honorine, je trouvai plus de charme à la femme en faute qu'à la jeune fille pure.

Pour Honorine, la fidélité n'était pas un devoir, mais la fatalité du cœur ; tandis qu'Amélie allait prononcer d'un air serein des promesses solennelles, sans en connaître la portée ni les obligations.

La femme épuisée, quasi morte, la pécheresse à relever me parut sublime ; elle irritait les générosités naturelles à l'homme, elle demandait au cœur tout ses trésors, à la puissance toutes ces ressources ; elle emplissait la vie, elle y mettait une lutte dans le bonheur ; tandis qu'Amélie, chaste et confiante, allait s'enfermer dans la sphère d'une maternité paisible, où le terre-à-terre devait être la poésie, où mon esprit ne devait trouver ni combat ni victoire.

Entre les plaines de la Champagne et les Alpes neigeuses, orageuses, mais sublimes, quel est le jeune homme qui peut choisir la crayeuse et paisible étendue ? Non, de telles comparaisons sont fatales et mauvaises sur le seuil de la Mairie.

Hélas ! il faut avoir expérimenté la vie pour savoir que le mariage exclut la passion, que la Famille ne saurait avoir les orages de l'amour pour base.

Après avoir rêvé l'amour impossible avec

ses innombrables fantaisies, après avoir savouré les cruelles délices de l'idéal, j'avais sous les yeux une modeste réalité.

Que voulez-vous, plaignez-moi !

A vingt-cinq ans, je doutai de moi ; mais je pris une résolution virile. J'allai trouver le comte sous prétexte de l'avertir de l'arrivée de ses cousines, et je le vis redevenu jeune au reflet de ses espérances.

— Qu'avez-vous, Maurice? me dit-il, frappé de l'altération de mes traits.

— Monsieur le comte...

— Vous ne m'appelez plus Octave! vous à qui je devrai la vie, le bonheur.

— Mon cher Octave, si vous réussissez à

ramener la comtesse à ses devoirs, je l'ai bien étudiée...

Il me regarda comme Othello dut regarder Yago, quand Yago réussit à faire entrer un premier soupçon dans la tête du Maure.

— Elle ne doit jamais me revoir, elle doit ignorer que vous avez eu Maurice pour secrétaire, ne prononcez jamais mon nom, que personne ne le lui rappelle, autrement tout serait perdu...

Vous m'avez fait nommer maître des requêtes, eh bien, obtenez-moi quelque poste diplomatique à l'étranger, un consulat, et ne pensez plus à me marier avec Amélie. Oh! soyez sans inquiétude, repris-je en lui voyant faire un haut-le-corps, j'irai jusqu'au bout de mon rôle...

— Pauvre enfant!... me dit-il en me prenant la main, me la serrant et réprimant des larmes qui lui mouillèrent les yeux.

— Vous m'aviez donné des gants, repris-je en riant, je ne les ai pas mis, voilà tout.

CHAPITRE XXXIII.

XXXIII.

Les commandements de l'Église.

Nous convînmes alors de ce que je devais faire le soir au pavillon, où je retournai dans la soirée.

Nous étions en août, la journée avait été chaude, orageuse, mais l'orage restait dans l'air, le ciel ressemblait à du cuivre, les parfums des fleurs arrivaient lourds, je me trouvais comme dans une étuve, et me surpris à souhaiter que la comtesse fût partie pour les Indes; mais elle était en redingote de mousseline blanche attachée avec des nœuds de rubans bleus, coiffée en cheveux, ses boucles crépées le long de ses joues, assise sur un banc de bois construit en forme de canapé, sous une espèce de bocage, ses pieds sur un petit tabouret de bois, et dépassant de quelques lignes sa robe.

Elle ne se leva point, elle me montra de la main une place auprès d'elle en me disant :

— N'est-ce pas que la vie est sans issue pour moi ?

— La vie que vous vous êtes faite, lui-dis-je,

mais non pas celle que je veux vous faire ; car, si vous le voulez, vous pouvez être bien heureuse...

— Et comment ? dit-elle ?

Toute sa personne interrogeait.

— Votre lettre est dans les mains du comte.

Honorine se dressa comme une biche surprise, bondit à six pas, marcha, tourna dans le jardin, resta debout pendant quelques moments, et finit par aller s'asseoir seule dans son salon, où je la retrouvai quand je lui eus laissé le temps de s'accoutumer à la douleur de ce coup de poignard.

— Vous ! un ami ! dites un traître, un espion de mon mari, peut-être.

L'instinct, chez les femmes, équivaut à la perspicacité des grands hommes.

— Il fallait une réponse à votre lettre, n'est-ce pas? et il n'y avait qu'un seul homme au monde qui pût l'écrire... Vous lirez donc la réponse, chère comtesse, et si vous ne trouvez pas d'issue à la vie après cette lecture, l'espion vous prouvera qu'il est un ami, car je vous mettrai dans un couvent d'où le pouvoir du comte ne vous arrachera pas; mais, avant d'y aller, écoutons la partie adverse. Il est une loi divine et humaine à laquelle la haine elle-même feint d'obéir, et qui ordonne de ne pas condamner sans entendre la défense. Vous avez jusqu'à présent condamné, comme les enfants, en vous bouchant les oreilles. Un dévouement de sept années a ses droits. Vous lirez donc la réponse que fera votre mari. Je lui ai transmis par mon oncle la copie de votre lettre, et mon oncle lui a demandé quelle serait sa réponse si sa femme lui écrivait une lettre conçue en ces termes. Ainsi vous n'êtes point compromise. Le bonhomme apportera lui-même la lettre du comte. Devant ce saint homme et devant moi, par dignité pour vous-même, vous devez lire, ou vous ne seriez qu'un enfant mutin et colère. Vous ferez ce sacrifice au monde, à la loi, à Dieu.

Comme elle ne voyait en cette condescendance aucune atteinte à sa volonté de femme, elle y consentit.

Tout ce travail de quatre à cinq mois avait été bâti pour cette minute. Mais les pyramides se terminent par une pointe sur laquelle se pose un oiseau. Le comte plaçait toutes ses espérances dans cette heure suprême, et il y était arrivé.

Je ne sais rien, dans les souvenirs de toute ma vie, de plus formidable que l'entrée de mon oncle dans ce salon Pompadour à dix heures du soir.

Cette tête, dont la chevelure d'argent était mise en relief par un vêtement entièrement noir, et cette figure d'un calme divin produisirent un effet magique sur la comtesse Honorine; elle éprouva la fraîcheur des baumes sur ses blessures, elle fut éclairée par un reflet de cette vertu, brillante sans le savoir.

— M. le curé des Blancs-Manteaux ! dit la Gobain.

— Venez-vous, mon cher oncle, avec un message de paix et de bonheur ? lui dis-je.

— On trouve toujours le bonheur et la paix en observant les commandements de l'Église, répondit mon oncle en présentant à la comtesse la lettre suivante :

CHAPITRE XXXIV

XXXIV

La réponse.

« Ma chère Honorine,

» Si vous m'aviez fait la grâce de ne pas
» douter de moi, si vous aviez lu la lettre
» que je vous écrivais il y a cinq ans, vous
» vous seriez épargné cinq années de travail

» inutile et de privations qui m'ont désolé.
» Je vous y proposais un pacte dont les sti-
» pulations détruisent toutes vos craintes et
» rendent possible notre vie intérieure.

» J'ai de grands reproches à me faire, et
» j'ai deviné toutes mes fautes en sept an-
» nées de chagrins. J'ai mal compris le ma-
» riage. Je n'ai pas su deviner le danger
» quand il vous menaçait.

» Un ange était dans ma maison, le Sei-
» gneur m'avait dit : « Garde-le bien! » Le
» Seigneur a puni la témérité de ma con-
» fiance.

» Vous ne pouvez vous donner un seul
» coup sans frapper sur moi. Grâce pour
» moi! ma chère Honorine.

» J'avais si bien compris vos susceptibili-
« tés, que je ne voulais pas vous ramener
» dans le vieil hôtel de la rue Payenne, où
» je puis demeurer sans vous, mais que je
» ne saurais revoir avec vous.

» J'orne avec plaisir une autre maison
» au faubourg Saint-Honoré, dans laquelle
» je mène en espérance, non pas une femme
» due à l'ignorance de la vie, acquise par
» la loi, mais une sœur qui me permet-
» tra de déposer sur son front le baiser
» qu'un père donne à sa fille bénie tous les
» jours.

» Me destituerez-vous du droit que j'ai
» su conquérir sur votre désespoir, celui
» de veiller de plus près à vos besoins, à
» vos plaisirs, à votre vie même?

» Les femmes ont un cœur à elles, tou-
» jours plein d'excuses, celui de leur mère :
» vous n'avez pas connu d'autre mère que
» la mienne qui vous aurait ramenée à moi ;
» mais comment n'avez-vous pas deviné que
» j'avais pour vous et le cœur de ma mère et
» celui de la vôtre !

» Oui, chère, mon affection n'est ni pe-
» tite ni chicanière, elle est de celles qui
» ne laissent pas à la contrariété le temps de
» plisser le visage d'un enfant adoré.

» Pour qui prenez-vous le compagnon de
» votre enfance, Honorine, en le croyant
» capable d'accepter des baisers tremblants,
» de se partager entre la joie et l'inquiétude ?
» Ne craignez pas d'avoir à subir les lamen-
» tations d'une passion mendiante : je n'ai
» voulu de vous qu'après m'être assuré de

» pouvoir vous laisser dans toute votre li-
» berté.

» Votre fierté solitaire s'est exagéré les
» difficultés ; vous pourrez assister à la vie
» sans souffrance et sans joie si vous le
» voulez; mais vous ne trouverez autour de
» vous ni raillerie, ni indifférence, ni doute
» sur les intentions.

» La chaleur de l'atmosphère où vous vi-
» vrez sera toujours égale et douce, sans
» tempêtes, sans un grain possible.

» Si, plus tard, après avoir acquis la cer-
» titude d'être chez vous comme vous êtes
» dans votre pavillon, vous voulez y intro-
» duire d'autres éléments de bonheur, des
» plaisirs, des distractions, vous en élargi-
» rez le cercle à votre gré.

» La tendresse d'une mère n'a ni dédain
» ni pitié; qu'est-elle? l'amour sans le dé-
» sir; eh bien, chez moi, l'admiration ca-
» chera tous les sentiments où vous vou-
» driez voir des offenses.

» Nous pouvons ainsi nous trouver nobles
» tous deux à côté l'un de l'autre.

» Chez vous, la bienveillance d'une sœur,
» l'esprit caressant d'une amie peuvent sa-
» tisfaire l'ambition de celui qui veut être
» votre compagnon : vous pourrez mesurer
» sa tendresse aux efforts qu'il fera pour
» vous la cacher.

» Nous n'aurons ni l'un ni l'autre la ja-
» lousie de notre passé, car nous pouvons
» nous reconnaître à l'un et à l'autre as-
» sez d'esprit pour ne voir qu'en avant de
» nous.

» Donc vous voilà chez vous, dans votre
» hôtel, tout ce que vous êtes rue Saint-
» Maur : inviolable, solitaire, occupée à
» votre gré, vous conduisant par vos pro-
» pres lois ; mais vous avez en plus une pro-
» tection légitime que vous obligez en ce
» moment aux travaux de l'amour le plus
» chevaleresque, et la considération, qui
» donne tant de lustre aux femmes, et la
» fortune, qui vous permet d'accomplir tant
» de bonnes œuvres.

» Honorine, quand vous voudrez une ab-
» solution inutile, vous la viendrez deman-
» der ; elle ne vous sera imposée ni par
» l'Église ni par le Code ; elle dépendra
» de votre fierté, de votre propre mouve-
» ment.

» Ma femme pouvait avoir à redouter

» tout ce qui vous effraie, mais non l'amie
» envers qui je suis tenu de déployer les
» façons et les recherches de la politesse.

» Vous voir heureuse suffit à mon bon-
» heur, je l'ai prouvé pendant ces sept an-
» nées : les garanties de ma parole, Hono-
» rine, sont dans toutes les fleurs que vous
» avez faites, précieusement gardées, arro-
» sées de mes larmes et qui sont, comme les
» quipos des Péruviens, une histoire de nos
» douleurs.

» Si ce pacte secret ne vous convenait
» pas, Honorine, j'ai prié le saint homme,
» qui se charge de cette lettre, de ne pas
» dire un mot en ma faveur. Je ne veux de-
» voir votre retour ni aux terreurs que vous
» imprimerait l'Église, ni aux ordres de la
» loi. Je ne veux recevoir que de vous-

» même le simple et modeste bonheur que je
» demande.

» Si vous persistez à m'imposer la vie
» sombre et délaissée de tout sourire fra-
» ternel que je mène depuis neuf ans, si
» vous restez dans votre désert, seule et im-
» mobile, ma volonté fléchira devant la
» vôtre.

» Sachez-le bien : vous ne serez pas plus
» troublée que vous ne l'avez été jusqu'au-
» jourd'hui. Je ferai donner congé à ce fou
» qui s'est mêlé de vos affaires, et qui peut-
» être vous a chagrinée... »

CHAPITRE XXXV.

XXXV

Pauvre Maurice.

— Monsieur, dit Honorine en quittant sa lettre, qu'elle mit dans son corsage, et regardant mon oncle, je vous remercie, je profiterai de la permission que me donne M. le comte de rester ici...

— Ah! m'écriai-je.

Cette exclamation me valut de mon oncle un regard inquiet, et de la comtesse une œillade malicieuse qui m'éclaira sur ses motifs.

Honorine avait voulu savoir si j'étais un comédien, un oiseleur, et j'eus la triste satisfaction de l'abuser par mon exclamation, qui fut un de ces cris du cœur auxquels les femmes se connaissent si bien.

— Ah! Maurice, me dit-elle, vous savez aimer, vous!

L'éclair qui brilla dans mes yeux était une autre réponse qui eût dissipé l'inquiétude de la comtesse si elle en avait conservé.

Ainsi le comte se servait de moi jusqu'au dernier moment.

Honorine reprit alors la lettre du comte pour la finir. Mon oncle me fit un signe, je me levai.

— Laissons madame, me dit-il.

— Vous partez déjà, Maurice? me dit-elle sans me regarder.

Elle se leva, nous suivit en lisant toujours, et, sur le seuil du pavillon, elle me prit la main, me la serra très-affectueusement et me dit : — Nous nous reverrons...

— Non, répondis-je en lui serrant la main à la faire crier. Vous aimez votre mari! Demain je pars.

Et je m'en allai précipitamment, laissant mon oncle à qui elle dit : — Qu'a-t-il donc, votre neveu?

Le pauvre abbé compléta mon ouvrage en faisant le geste de montrer sa tête et son cœur comme pour dire : Il est fou, excusez-le, madame! avec d'autant plus de vérité qu'il le pensait.

Six jours après, je partis avec ma nomination de vice-consul en Espagne, dans une grande ville commerçante, où je pouvais en peu de temps me mettre en état de parcourir la carrière consulaire, à laquelle je bornai mon ambition.

Après mon installation, je reçus cette lettre du comte :

CHAPITRE XXXVI.

CHAPTER XXXVI.

XXXVI.

Une trompeuse réconciliation.

« Mon cher Maurice,

» Si j'étais heureux, je ne vous écrirais
» point ; mais j'ai recommencé une autre
» vie de douleur : je suis redevenu jeune
» par le désir, avec toutes les impatiences

» d'un homme qui passe quarante ans, avec
» la sagesse du diplomate qui sait modérer
» sa passion.

» Quand vous êtes parti, je n'étais pas
» encore admis dans le pavillon de la rue
» Saint-Maur ; mais une lettre m'avait pro-
» mis la permission d'y venir, la lettre douce
» et mélancolique d'une femme qui redou-
» tait les émotions d'une entrevue.

» Après avoir attendu plus d'un mois, je ha-
» sardai de me présenter, en faisant demander
» par la Gobain si je pouvais être reçu. Je
» m'assis sur une chaise, dans l'avenue, au-
» près de la loge, la tête dans les mains, et je
» restai là près d'une heure.

» — Madame a voulu s'habiller, me dit la
» Gobain, afin de cacher sous une coquetterie

» honorable pour moi les irrésolutions d'Ho-
» norine.

» Pendant un gros quart d'heure, nous
» avons été l'un et l'autre affectés d'un trem-
» blement nerveux involontaire, aussi fort
» que celui qui saisit les orateurs à la tri-
» bune, et nous nous adressâmes des phra-
» ses effarées comme celles de gens surpris
» qui simulent une conversation.

» — Tenez, Honorine, lui dis-je les yeux
» pleins de larmes, la glace est rompue, et je
» suis si tremblant de bonheur, que vous de-
» vez me pardonner l'incohérence de mon
» langage. Ce sera pendant long-temps ainsi.

» — Il n'y a pas de crime à être amoureux
» de sa femme, me répondit-elle en souriant
» forcément.

» — Accordez-moi la grâce de ne plus tra-
» vailler comme vous l'avez fait. Je sais par
» madame Gobain que vous vivez depuis
» vingt jours de vos économies, vous avez
» soixante mille francs de rentes à vous, et si
» vous ne me rendez pas votre cœur, au
» moins ne me laissez pas votre fortune !

» — Il y a longtemps, me dit-elle, que je
» connais votre bonté...

» — S'il vous plaisait de rester ici, lui ré-
» pondis-je, et de garder votre indépendance ;
» si le plus ardent amour ne trouve pas grâce
» à vos yeux, ne travaillez plus...

» Je lui tendis trois inscriptions de cha-
» cune douze mille francs de rentes ; elle les
» prit, les ouvrit avec indifférence, et après
» les avoir lues, Maurice, elle ne me jeta
» qu'un regard pour toute réponse.

» Ah! elle avait bien compris que ce n'é-
» tait pas de l'argent que je lui donnais, mais
» la liberté.

» — Je suis vaincue, me dit-elle en me
» tendant la main que je baisai, venez me
» voir autant que vous voudrez.

» Ainsi, elle ne m'avait reçu que par vio-
» lence sur elle-même.

» Le lendemain je l'ai trouvée armée d'une
» gaieté fausse, et il a fallu deux mois d'ac-
» coutumance avant de lui voir son vrai carac-
» tère. Mais ce fut alors comme un mai déli-
» cieux, un printemps d'amour qui me donna
» des joies ineffables; elle n'avait plus de
» craintes, elle m'étudiait.

» Hélas! quand je lui proposai de passer
» en Angleterre afin de se réunir ostensible-

» ment avec moi, dans sa maison, de repren-
» dre son rang, d'habiter son nouvel hôtel,
» elle fut saisie d'effroi.

» — Pourquoi ne pas toujours vivre ainsi ?
» dit-elle.

» Je me résignai, sans répondre un mot.

» Est-ce une expérience ? me demandai-je
» en la quittant.

» En venant de chez moi, rue Saint-Maur,
» je m'animais, les pensées d'amour me gon-
» flaient le cœur, et je me disais comme les
» jeunes gens : Elle cédera ce soir...

» Toute cette force factice ou réelle se dis-
» sipait à un sourire, à un commandement
» de ses yeux fiers et calmes que la passion
» n'altérait point.

» Ce terrible mot répété par vous : Lucrèce
» a écrit avec son sang et son poignard le
» premier mot de la charte des femmes : *li-*
» *berté!* » me revenait, me glaçait.

» Je sentais impérieusement combien le
» consentement d'Honorine était nécessaire,
» et combien il était impossible de le lui ar-
» racher. Devinait-elle ces orages qui m'agi-
» taient aussi bien au retour que pendant
» l'aller ?

» Je lui peignis enfin ma situation dans
» une lettre, en renonçant à lui en parler.
» Honorine ne me répondit pas, elle resta si
» triste que je fis comme si je n'avais pas écrit.
» Je ressentis une peine violente d'avoir pu
» l'affliger, elle lut dans mon cœur et me par-
» donna : vous allez savoir comment.

» Il y a trois jours elle me reçut, pour la

» première fois, dans sa chambre bleue et
» blanche.

» La chambre était pleine de fleurs, parée,
» illuminée, Honorine avait fait une toilette
» qui la rendait ravissante ; ses cheveux en-
» cadraient de leur rouleaux légers cette fi-
» gure que vous connaissez ; des bruyères du
» Cap ornaient sa tête ; elle avait une robe de
» mousseline blanche, une ceinture blanche
» à longs bouts flottants. Vous savez ce qu'elle
» est dans cette simplicité ; mais ce jour-là,
» ce fut une mariée, ce fut Honorine des pre-
» miers jours.

» Ma joie fut glacée aussitôt, car la phy-
» sionomie avait un caractère de gravité ter-
» rible, il y avait du feu sous cette glace.

» — Octave, me dit-elle, quand vous le

» voudrez je serai votre femme; mais sachez-
» le bien, cette soumission a ses dangers, je
» puis me résigner...

» Je fis un geste.

» — Oui, dit-elle, je vous comprends, la
» résignation vous offense, et vous voulez ce
» que je ne puis donner : l'amour! La reli-
» gion, la pitié m'ont fait renoncer à mon
» vœu de solitude, vous êtes ici!

» Elle fit une pause.

» D'abord, reprit-elle, vous n'avez pas de-
» mandé plus; maintenant vous voulez votre
» femme. Eh! bien, je vous rends Honorine
» telle qu'elle est, et sans vous abuser sur ce
» qu'elle sera. Que deviendrais-je? mère! je
» le souhaite. Oh! croyez-le, je le souhaite
» vivement. Essayez de me transformer, j'y
» consens; mais si je meurs, mon ami, ne

» maudissez pas ma mémoire, et n'accusez
» pas d'entêtement ce que je nommerais le
» culte de l'idéal, s'il n'était pas plus naturel
» de nommer le sentiment indéfinissable qui
» me tuera, le culte du divin! L'avenir ne
» me regardera plus, vous en serez chargé,
» consultez-vous?...

» Elle s'est alors assise, dans cette pose se-
» reine que vous avez su admirer, et m'a re-
» gardé pâlissant sous la douleur qu'elle m'a-
» vait causée, j'avais froid dans mon sang.

» En voyant l'effet de ses paroles, elle m'a
» pris les mains, les a mises dans les siennes,
» et m'a dit :

» Octave, je t'aime, mais autrement que
» tu veux être aimé : j'aime ton âme... Mais,
» sache-le, je t'aime assez pour mourir à ton

» service, comme une esclave d'Orient, et
» sans regret. Ce sera mon expiation.

» Elle a fait plus, elle s'est mise à genoux
» sur un coussin, devant moi, et, dans un
» accès de charité sublime, m'a dit : — Après
» tout, peut-être ne mourrai-je pas?...

» Voici deux mois que je combats. Que
» faire...

» J'ai le cœur trop plein, j'ai cherché ce-
» lui d'un ami pour y jeter ce cri : — Que
» faire ? »

CHAPITRE XXXVII.

XXXVII.

Le dernier soupir d'Honorine.

Je ne répondis rien. Deux mois après les journaux annoncèrent l'arrivée, par un paquebot anglais, de la comtesse Octave rendue à sa famille, après des événements de voyage assez naturellement inventés pour que personne ne les contestât. A mon arrivée à Gênes, je reçus une lettre de faire part de l'heureux accouchement de la comtesse qui donnait un fils à son mari. Je tins la lettre dans mes mains pendant deux heures, sur cette terrasse, assis sur ce banc. Deux mois après, tourmenté par Octave, par messieurs de Grandville et de Sérizy, mes protecteurs, accablé par la perte que je fis de mon oncle, je consentis à me marier.

Six mois après la révolution de juillet, je reçus la lettre que voici et qui finit l'histoire de ce ménage.

A Monsieur de l'Hostal.

» Monsieur Maurice, je meurs, quoique
» mère.

» J'ai bien joué mon rôle de femme : j'ai
» trompé mon mari, j'ai eu des joies aussi
» vraies que les larmes répandues au théâtre
» par les actrices, et peut-être parce que je
» suis mère.

» Je meurs pour la Société, pour la Fa-
» mille, pour le Mariage, comme les pre-
» miers chrétiens mouraient pour Dieu.

» Je ne sais pas de quoi je meurs, je le
» cherche avec bonne foi, car je ne suis pas
» entêtée ; mais je tiens à vous expliquer
» mon mal, à vous qui avez amené le chirur-
» gien céleste, votre oncle, à la parole de
» qui je me suis rendue ; il a été mon confes-
» seur, je l'ai gardé dans sa dernière mala-
» die, et il m'a montré le ciel en m'ordon-
» nant de continuer à faire mon devoir.

» Et j'ai fait mon devoir.

» Je ne blâme pas celles qui oublient, je les
» admire comme des natures fortes, néces-
» saires ; mais j'ai l'infirmité du souvenir !...
» Cet amour de cœur qui nous identifie à
» l'homme aimé, car je n'ai pu le ressentir

» deux fois. Jusqu'au dernier moment, vous
» le savez, j'ai crié dans votre cœur, au con-
» fessionnal, à mon mari : « Ayez pitié de
» moi !... » Tout fut sans pitié.

» Eh ! bien, je meurs. Je meurs en dé-
» ployant un courage inouï. Jamais courti-
» sane ne fut plus gaie que moi. Mon pauvre
» Octave est heureux, je laisse son amour se
» repaître des mirages de mon cœur.

» A ce jeu terrible je prodigue mes forces,
» la comédienne est applaudie, fêtée, acca-
» blée de fleurs ; mais le rival invisible vient
» chercher tous les jours sa proie, un lam-
» beau de ma vie. Déchirée, je souris ! Je
» souris à deux enfants, mais l'aîné, le mort
» triomphe ! Je vous l'ai déjà dit : l'enfant
» mort m'appellera, et je vais à lui.

» L'intimité sans l'amour est une situation

» où mon âme se déshonore à tout heure. Je
» ne puis pleurer ni m'abandonner à mes rê-
» veries que seule.

» Les exigences du monde, celles de ma
» maison, le soin de mon enfant, celui du
» bonheur d'Octave ne me laissent pas un
» instant pour me retremper, pour puiser
» de la force comme j'en trouvais dans ma
» solitude.

» Le qui vive perpétuel surprend toujours
» mon cœur en sursaut, je n'ai point su fixer
» dans mon âme cette vigilance à l'oreille
» agile, à la parole mensongère, à l'œil de lynx.

» Ce n'est pas une bouche aimée qui boit
» mes larmes et qui bénit mes paupières,
» c'est un mouchoir qui les étanche ; c'est
» l'eau qui rafraîchit mes yeux enflammés et
» non des lèvres aimées.

» Je suis comédienne avec mon âme, et
» voilà peut-être pourquoi je meurs !

» J'enferme le chagrin avec tant de soin
» qu'il n'en paraît rien au dehors, il faut
» bien qu'il ronge quelque chose, il s'atta-
» que à ma vie.

» J'ai dit aux médecins qui ont découvert
» mon secret : — Faites-moi mourir d'une
» maladie plausible, autrement j'entraînerais
» mon mari. Il est donc convenu entre mes-
» sieurs Desplein, Bianchon et moi que je
» meurs d'un ramollissement de je ne sais quel
» os que la science a parfaitement décrit.
» Octave se croit adoré !... Me comprenez-
» vous bien ? Aussi ai-je peur qu'il ne me
» suive.

» Je vous écris pour vous prier d'être, dans

» ce cas, le tuteur du jeune comte. Vous
» trouverez ci-joint un codicille où j'exprime
» ce vœu : vous n'en ferez usage qu'au mo-
» ment où ce serait nécessaire, car peut-
» être ai-je de la fatuité.

» Mon dévouement caché laissera peut-
» être Octave inconsolable, mais vivant !
» Pauvre Octave! je lui souhaite une femme
» meilleure que moi, car il mérite bien
» d'être aimé.

» Puisque mon spirituel espion s'est ma-
» rié, qu'il se rappelle ce que la fleuriste de
» la rue Saint-Maur lui lègue ici comme en-
» seignement : Que votre femme soit promp-
» tement mère! Jetez-la dans les matériali-
» tés les plus vulgaires du ménage; empê-
» chez-la de cultiver dans son cœur la mys-
» térieuse fleur de l'idéal, cette perfection

» céleste à laquelle j'ai cru, cette fleur en-
» chantée, aux couleurs ardentes, et dont
» les parfums inspirent le dégoût des réa-
» lités.

» Je suis une sainte Thérèse qui n'a pu
» se nourrir d'extases, au fond d'un couvent
» avec le divin Jésus, avec un ange irrépro-
» chable, ailé, pour venir et pour s'enfuir à
» propos.

» Vous m'avez vue heureuse au milieu de
» mes fleurs bien-aimées.

» Je ne vous ai pas tout dit : je voyais
» l'amour fleurissant sous votre fausse folie,
» je vous ai caché mes pensées, mes poé-
» sies, je ne vous ai pas fait entrer dans mon
» beau royaume.

» Enfin, vous aimerez mon enfant pour

» l'amour de moi, s'il se trouvait un jour
» sans son pauvre père. Gardez mes secrets
» comme la tombe me gardera.

» Ne me pleurez pas : il y a longtemps
» que je suis morte, si saint Bernard a eu
» raison de dire qu'il n'y a plus de vie là
» où il n'y a plus d'amour. »

CHAPITRE XXXVIII.

XXXVIII.

Deux dénoûments

— Eh! dit le Consul en serrant les lettres et refermant à clef le portefeuille, la comtesse est morte.

— Le comte vit-il encore? demanda l'ambassadeur, car depuis la révolution de juillet, il a disparu de la scène politique.

— Vous souvenez-vous, monsieur de Lora, dit le Consul-Général, de m'avoir vu reconduisant au bateau à vapeur...

— Un homme en cheveux blancs, un vieillard? dit le peintre.

— Un vieillard de quarante-trois ans, allant demander la santé, des distractions à l'Italie méridionale.

Ce vieillard, c'était mon pauvre ami, mon protecteur, qui passait par Gênes, pour me dire adieu, me confier son testament..... Il me nomme tuteur de son fils. Je n'ai pas eu besoin de lui dire le vœu d'Honorine.

— Connaissait-il sa position d'assassin? dit mademoiselle des Touches au baron de l'Hostal.

— Il soupçonne la vérité, répondit le Consul, et c'est là ce qui le tue. Je suis resté sur le bateau à vapeur qui l'emmenait à Naples, jusqu'au delà de la rade, une barque devait me ramener.

Nous restâmes pendant quelque temps à nous faire des adieux qui, je le crains, sont éternels.

Dieu sait combien l'on aime le confident de notre amour, quand celle qui l'inspirait n'est plus!...

— Cet homme possède, me disait Octave, un charme, il est revêtu d'une auréole.

Arrivés à la proue, le comte regarda la Méditerranée ; il faisait beau par aventure, et, sans doute, ému par ce spectacle, il me légua ces dernières paroles :

— Dans l'intérêt de la nature humaine, ne faudrait-il pas rechercher quelle est cette irrésistible puissance qui nous fait sacrifier a u plus fugitif de tous les plaisirs, et malgré notre raison, une divine créature?...

J'ai, dans ma conscience, entendu des cris.

Honorine n'a pas crié seule. Et j'ai voulu!...

Je suis dévoré de remords! Je mourais, rue Payenne, des plaisirs que je n'avais pas; je mourrai en Italie des plaisirs que j'ai goûtés!...

D'où vient le désaccord entre deux natures également nobles, j'ose le dire?

Un profond silence régna sur la terrasse pendant quelques instants.

— Était-elle vertueuse? demanda le Consul aux deux femmes.

CHAPITRE XXXIX.

XXXIX.

Une question.

Mademoiselle des Touches se leva, prit le Consul par le bras, fit quelques pas pour s'éloigner, et lui dit :

— Les hommes ne sont-ils pas coupables aussi de venir à nous, de faire d'une jeune fille leur femme, en gardant au fond de leurs cœurs d'angéliques images, en nous comparant à des rivales inconnues, à des perfections souvent prises à plus d'un souvenir, et nous trouvant toujours inférieures?

— Mademoiselle, vous auriez raison si le mariage était fondé sur la passion, et telle a été l'erreur des deux êtres qui bientôt ne seront plus.

Le mariage, avec un amour de cœur chez les deux époux, ce serait le paradis.

Mademoiselle des Touches quitta le Consul et fut rejointe par Claude Vignon, qui lui dit à l'oreille : — Il est un peu fat, M. de l'Hostal.

— Non, répondit-elle en glissant à l'oreille de Claude cette parole : Il n'a pas encore deviné qu'Honorine l'aurait aimé.

— Oh! fit-elle en voyant venir la Consulesse, sa femme l'a écouté, le malheureux!...

Onze heures sonnèrent aux horloges, et tous les convives s'en retournèrent à pied, le long de la mer.

CHAPITRE XL.

XL.

Le dernier mot de tout cela.

— Tout ceci n'est pas la vie, dit Camille. Cette femme est une des plus rares exceptions et la plus monstrueuse de l'intelligence, une perle !

La vie se compose d'accidents variés, de douleurs et de plaisirs alternés.

Le paradis de Dante, cette sublime expression de l'idéal, ce bleu constant ne se trouve que dans l'âme, et le demander aux choses de la vie est une volupté contre laquelle proteste à toute heure la nature.

A de telles âmes les six pieds d'une cellule et un prie-Dieu suffisent.

— Vous avez raison, dit Léon de Lora; mais quelque vaurien que je sois, je ne puis m'empêcher d'admirer une femme capable, comme était celle-là, de vivre à côté d'un atelier, sous le toit d'un peintre, sans jamais en descendre, ni voir le monde, ni se crotter dans la rue.

— Ça s'est vu, dit Claude, avec une profonde ironie.

— La comtesse Honorine n'est pas la seule,

dit l'ambassadeur; un homme, voire même un homme politique, un acerbe écrivain fut l'objet d'un amour de ce genre, et le coup de pistolet qui l'a tué n'a pas atteint que lui, celle qu'il aimait s'est comme cloîtrée.

— Il se trouve donc encore de grandes âmes dans ce siècle ! dit Camille Maupin qui demeura pensive, appuyée au quai, pendant quelques instants.

Paris, janvier 1843.

UN PRINCE DE LA BOHÈME

Dédicace,

A HEINE.

Mon cher Heine, à vous cette Étude, à vous qui représentez à Paris l'esprit et la poésie de l'Allemagne, comme en Allemagne vous représentez la vive et spirituelle critique française; à vous qui savez plus que personne ce qu'il peut y avoir ici de critiques plaisanteries d'amour et de vérité.

DE BALZAC.

PREMIÈRE PARTIE.

UN MÉNAGE VU DE LOIN.

CHAPITRE PREMIER.

I

Ce que c'est que la Bohême à Paris.

Entre toutes ces personnes de connaissance que nous avons l'habitude de nommer nos amis, je distingue un jeune gentilhomme d'un esprit et d'un malheur infinis, plein d'excelentes intentions, d'une conversation ravissante, ayant beaucoup vu déjà, quoique jeune, et qui fait partie, en attendant mieux, de la *Bohême*.

La Bohême, qu'il faudrait appeler la Doctrine du boulevart des Italiens, se compose de jeunes gens tous âgés de plus de vingt ans, mais qui n'en ont pas trente, tous hommes de génie dans leur genre, peu connus encore, mais qui se feront connaître, et qui seront alors des gens fort distingués. On les distingue déjà dans les jours de carnaval, pendant lesquels ils déchargent le trop plein de leur esprit, à l'étroit durant le reste de l'année, en des inventions plus ou moins drôlatiques.

A quelle époque vivons-nous? Quel absurde pouvoir laisse ainsi se perdre des forces immenses? Il se trouve dans la Bohême des diplomates capables de renverser les projets de la Russie, appuyés qu'ils seraient par la puissance de la France. Il s'y trouve des écrivains, des administrateurs, des militaires, des journalistes, des artistes, enfin tous les genres d'esprit et de capacité.

C'est un microcosme. Si l'empereur de Russie achetait ce microcosme moyennant une vingtaine de millions, si toutefois la Bohême voulait quitter l'asphalte des boulevarts, et qu'il la déportât à Odessa, dans un an Odessa serait Paris.

Là se trouve la fleur inutile, et qui se dessèche, de cette admirable jeunesse française que Napoléon et Louis XIV recherchaient, que néglige depuis trente ans la gérontocratie sous laquelle tout se flétrit en France, belle jeunesse dont hier encore monsieur Tissot, homme peu suspect, disait :

» Cette jeunesse, vraiment digne de lui,
» l'Empereur l'employait partout, dans ses
» conseils, dans l'administration générale,
» dans des négociations hérissées de diffi-
» cultés ou pleines de périls, dans le gou-
» vernement des pays conquis, et partout elle
» répondait à son attente! Les jeunes gens
» étaient pour lui les *missi dominici* de Char-
» lemagne. »

Ce mot de Bohême vous dit tout.

La Bohême n'a rien et vit de ce qu'elle a.

L'Espérance est sa religion, la Foi en soi-même est son code, la Charité est son budget.

Tous ces jeunes gens sont plus grands que leur malheur, au-dessous de la fortune, mais au-dessus du destin.

Toujours à cheval sur un *si*, spirituels

comme des feuilletons, gais comme des gens qui doivent, oh! ils doivent autant qu'il boivent !

Enfin, et c'est là que j'en veux venir, ils sont tous amoureux, mais amoureux?...

Figurez-vous Lovelace, Henri IV, le Régent, Werther, Saint-Preux, René, le maréchal de Richelieu réunis dans un seul homme, et vous aurez une idée de leur amour! Et quels amoureux?

Eclectiques par excellence en amour, ils vous servent une passion comme une femme peut la vouloir; leur cœur ressemble à une carte de restaurant, ils ont mis en pratique, sans le savoir et sans l'avoir lu peut-être, le livre de l'Amour par Stendahl; ils ont la section de l'amour-goût, celle de l'amour-passion, l'amour-caprice, l'amour cristallisé, et surtout l'amour passager.

Tout leur est bon, ils ont créé ce burlesque axiome : *Toutes les femmes sont égales devant l'homme.*

Le texte de cet article est plus vigoureux; mais comme, selon moi, l'esprit en est faux, je ne tiens pas à la lettre.

CHAPITRE II.

II

Comme quoi le prince est presque prince.

Madame, mon ami se nomme Gabriel-Jean-Anne-Victor-Benjamin-Georges-Ferdinand-Charles-Edouard Rusticoli, comte de la Palferine.

Les Rusticoli, arrivés en France avec Catherine de Médicis, venaient alors d'être dépossédés d'une souveraineté minime en Toscane. Un peu parents des d'Est, ils se sont alliés aux Guise. Ils ont tué beaucoup de Protestants à la Saint-Barthélemy, et Charles IX leur a donné l'héritière du comte de la Palferine, confisqué sur le duc de Savoie, et que Henri IV leur a racheté tout en leur laissant le titre. Ce grand Roi fit la sottise de rendre ce fief au duc de Savoie. En échange, les comtes de la Palferine, qui *portent d'argent à la fleurdelisée d'azur sommé d'une couronné de comte et deux paysans pour supports avec* IN HOC SIGNO VINCIMUS, pour devise, ont eu deux Charges de la Couronne et un gouvernement. Ils ont joué le plus beau rôle sous les Valois, et jusqu'au quasi-règne de Richelieu ; puis ils se sont amoindris sous Louis XIV et ruinés sous Louis XV.

Le grand-père de mon ami dévora les restes

de cette brillante maison avec mademoiselle Laguerre, qu'il produisit, lui, le premier.

Officier sans aucune fortune en 1789, le père de Charles-Édouard eut le bon esprit, la révolution aidant, de s'appeler Rusticoli. Ce père, qui, d'ailleurs, épousa, durant les guerres d'Italie, une filleule de la comtesse Albani, une Caponi, de là le dernier prénom de la Palferine, fut l'un des meilleurs colonels de l'armée ; aussi, l'Empereur le nomma-t-il commandant de la Légion-d'Honneur, et le fit-il comte.

Le colonel avait une légère déviation de la colonne vertébrale, et son fils dit en riant à ce sujet : — Ce fut un *comte refait*.

Le général comte Rusticoli, car il devint général de brigade à Ratisbonne, mourut à

Vienne après la bataille de Wagram, où il fut nommé général de division sur le champ de bataille. Son nom, son illustration italienne et son mérite lui auraient valu tôt ou tard le bâton de maréhal. Sous la restauration, il aurait reconstitué cette grande et belle maison des la Palferine, si brillante déjà en 1100 comme Rusticoli, car les Rusticoli avaient déjà fourni un pape et révolutionné deux fois le royaume de Naples; enfin si splendide sous les Valois et si habile que les la Palferine, quoique Frondeurs déterminés, existaient encore sous Louis XIV; Mazarin les aimait, il avait reconnu chez eux un reste de Toscan.

Aujourd'hui, quand on nomme Edouard de la Palferine, dont la croix fut fleurdelisée par lettres patentes de Charles IX, sur cent personnes, il n'y a en pas trois qui sachent ce que sont les la Palferine ; mais les Bourbons ont bien laissé un Foix-Grailly vivant de son pinceau !

CHAPITRE III.

III.

Où l'on essaie d'expliquer l'esprit du prince.

Ah! si vous saviez avec quel esprit Edouard de la Palferine a pris cette position obscure! comme il se moque des bourgeois de 1830, quel sel, quel atticisme!

Si la Bohême pouvait souffrir un roi, il serait roi de la Bohême.

Sa verve est inépuisable. On lui doit la carte de la Bohême et les noms des sept châteaux que n'a pu trouver Nodier, et qui manquent à l'une des plus spirituelles railleries de notre époque.

Quelques traits de mon ami la Palferine vous mettront à même de le juger.

§ er.

ÉLÉVATION DU PRINCE.

La Palferine trouve un de ses amis, l'ami était de la Bohême, en discussion sur le boulevard avec un bourgeois qui se croyait offensé. La Bohême est très-insolente avec le pouvoir moderne. Il s'agissait de se battre.

— Un instant, dit la Palferine en devenant

aussi Lauzun que Lauzun l'a jamais été, un instant, monsieur est-il né?

— Comment, Monsieur? dit le bourgeois.

— Oui, êtes-vous né? Comment vous nommez-vous?

— Godin.

— Hein? Godin! dit l'ami de la Palferine.

— Un instant, mon cher, dit la Palferine en arrêtant son ami, il y a les Trigaudin. En êtes-vous? (Étonnement du bourgeois) — Non. Vous êtes alors des nouveaux ducs de Gaëte, façon impériale. Non. Eh! bien, comment voulez-vous que mon ami, *qui sera* secrétaire d'ambassade et plus tard ambassadeur, à qui vous devrez un jour du respect, se [batte! Godin! Cela n'existe pas ; vous n'êtes rien, Godin! Mon ami ne peut pas se battre en l'air. Quand on est quelque chose, on ne se bat qu'avec quelqu'un. Allons, mon cher, adieu !

— Mes respects à madame, ajouta l'ami.

§ II.

FACÉTIES DU PRINCE.

Un jour, la Palferine se promenait avec un de ses amis qui jeta le bout de son cigare au nez d'un passant. Ce passant eut le mauvais goût de se fâcher.

— Vous avez essuyé le feu de votre adversaire, dit le jeune comte, les témoins déclarent que l'honneur est satisfait.

§ III.

DIGNITÉ DU PRINCE.

Il devait mille francs à son tailleur, qui, au lieu de venir lui-même, envoya un matin son premier commis chez la Palferine. Ce garçon trouve le débiteur malheureux au sixième étage au fond d'une cour, en haut du faubourg du Roule. Il n'y avait pas de mobilier dans la chambre, mais un lit, et quel lit! une table, et quelle table! La Palferine entend la demande saugrenue, et que je qualifierais, nous dit-il, d'illicite, faite à sept heures du matin.

— Allez dire à votre maître, répondit-il avec le geste et la pose de Mirabeau, l'état dans lequel vous m'avez trouvé.

Le commis recule en faisant des excuses.

La Palferine voit le jeune homme sur le palier, il se lève dans l'appareil illustré par les vers de Britannicus, et lui dit : — Faites attention à l'escalier! Remarquez bien l'escalier, afin de ne pas oublier de lui parler de l'escalier.

§ IV.

POLITIQUE DU PRINCE.

En quelque situation que l'ait jeté le hasard, il ne s'est jamais trouvé ni au-dessous de la crise, ni sans esprit, ni de mauvais goût; il déploie toujours et en tout le génie de Rivarol et la finesse du grand seigneur français. C'est lui qui a trouvé la délicieuse histoire sur l'ami du banquier Laffitte venant au bureau de *la souscription nationale* proposée pour conserver à ce banquier son hôtel où se brassa la révolution de 1830, et disant : Voici cinq francs, rendez-moi cent sous. On en a fait une caricature.

§ V.

MŒURS DU PRINCE.

Il eut le malheur, en style d'acte d'accusation, de rendre une jeune fille mère. L'enfant peu ingénue avoue sa faute à sa mère, bonne bourgeoise, qui accourt chez la Palferine et lui demande ce qu'il compte faire.

— Mais, madame, je ne suis ni chirurgien ni sage-femme.

Elle fut foudroyée; mais elle revint à la charge trois ou quatre ans après, en insistant et demandant toujours à la Palferine ce qu'il comptait faire.

— Oh! madame, répondit-il, quand cet enfant aura sept ans, âge auquel les enfants passent des mains des femmes entre celles des hommes... (mouvement d'assentiment chez la mère), si l'enfant est bien de moi (geste de la mère), s'il me ressemble d'une manière frappante, s'il promet, si je reconnais en lui mon genre d'esprit, et surtout l'air Rusticoli, oh! alors (nouveau mouvement), par ma foi de gentilhomme, je lui donnerai... un bâton de sucre d'orge.

CHAPITRE IV

IV

Moralités familières à un académicien.

Tout cela, si vous me permettez d'user du style macaronique employé par M. Sainte-Beuve pour ses biographies d'inconnus, est le côté enjoué, badin, mais déjà gâté, d'une race forte. Cela sent son Parc-aux-Cerfs plus que son hôtel de Rambouillet. Ce n'est pas la race *des doux*, j'incline à conclure pour un peu de débauche et plus que je n'en voudrais chez des natures brillantes et généreuses ; mais c'est galant dans le genre de Richelieu, folâtre, et peut-être trop dans la drôlerie ; c'est peut-être les *outrances* du dix-huitième siècle ; cela rejoint en arrière les mousquetaires, et cela fait tort à Champcenetz ; mais ce volage tient aux arabesques et aux enjolivements de la vieille cour des Valois. On doit sévir, dans une époque aussi morale que la nôtre, à l'encontre de ces audaces ; mais ce bâton de sucre d'orge peut aussi montrer aux jeunes filles le danger de ces fréquentations d'abord pleines de rêveries, plus charmantes que sévères, roses et fleuries, mais dont les pentes ne sont pas surveillées et qui aboutissent à des excès mûrissants, à des fautes pleines de bouillonnements ambigus, à des résultats trop vibrants. Cette anecdote peint l'esprit vif et complet de la Palferine, car il a l'*entre-deux* que voulait Pascal ; il est tendre et impitoyable ; il est comme Épaminondas, également grand aux extrémités. Ce mot précise d'ailleurs l'époque ; autrefois il n'y avait pas d'accoucheurs. Ainsi les raffinements de notre civilisation s'expliquent par ce trait qui restera.

CHAPITRE V.

V

Madame s'impatiente.

— Ah ça, mon cher Nathan, quel galimatias me faites-vous ? me dit-elle.

— Madame la baronne, lui répondis-je, vous ignorez la valeur de ces phrases précieuses, je parle en ce moment le Sainte-Beuve, une nouvelle langue française.

CHAPITRE VI

VI.

Autres traits de caractère.

§ Ier.

COMME IL TRAITE LE CRÉANCIER.

Un jour, se promenant sur le boulevard, bras dessus bras dessous avec des amis, la Palferine voit venir à lui le plus féroce de ses créanciers, qui lui dit : — Pensez-vous à moi, monsieur ?

— Pas le moins du monde, lui répondit le comte.

Remarquez combien sa position était difficile. Déjà Talleyrand, en semblable circonstance, avait dit : — Vous êtes bien curieux, mon cher ! Il s'agissait de ne pas imiter cet homme inimitable.

§ II.

GÉNÉROSITÉ DU PRINCE.

Généreux comme Buckingham, et ne pouvant supporter d'être pris au dépourvu, un jour, n'ayant rien à donner à un ramoneur, il puisa dans un tonneau de raisins à la porte d'un épicier, et en emplit le bonnet du petit savoyard, qui mange très-bien le raisin. L'épicier commença par rire et finit par tendre la main à la Palferine.

— Oh! fi! monsieur, dit-il, votre main gauche doit ignorer ce que vient de donner ma droite.

§ III.

COURAGE DU PRINCE.

D'un courage aventureux, il ne cherche ni ne refuse aucune partie; mais il a la bravoure spirituelle. En voyant, dans le passage de l'Opéra, un homme qui s'était exprimé sur son compte en termes légers, il lui donne un coup de coude en passant, puis il revient sur ses pas et lui en donne un second.

— Vous êtes bien maladroit, dit-on.

— Au contraire, je l'ai fait exprès.

Le jeune homme lui présente sa carte.

— Elle est bien sale, reprit-il, elle est pochetée ; veuillez m'en donner une autre, ajouta-t-il en la jetant.

Sur le terrain, il reçoit un coup d'épée ; l'adversaire voit le sang partir et veut finir en s'écriant :

— Vous êtes blessé, monsieur.

— Je nie la botte, répondit-il avec autant de sang-froid que s'il eût été dans une salle d'armes, et il riposta par une botte pareille, mais plus à fond, en ajoutant :

— Voilà le vrai coup, monsieur.

L'adversaire resta six mois au lit.

CHAPITRE VII.

VII.

Madame se refuse, non pas à lire, mais à écouter le Sainte-Beuve.

Ceci, toujours en se tenant dans les eaux de M. Sainte-Beuve, rappelle les Raffinés et la fine raillerie des beaux jours de la monarchie. On y voit une vie dégagée, mais sans point d'arrêt, une imagination riante qui ne nous est donnée qu'à l'origine de la jeunesse. Ce n'est plus le velouté de la fleur, mais il y a du grain désséché, plein, fécond, qui assure la saison d'hiver. Ne trouvez-vous pas que ces choses annoncent quelque chose d'inassouvi, d'inquiet, ne s'analysant pas, ne se décrivant point, mais se comprenant, et qui s'embraserait en flammes éparses et hautes si l'occasion de se déployer arrivait? C'est l'*acedia* du cloître, quelque chose d'aigri, de fermenté dans l'inoccupation croupissante des forces juvéniles, une tristesse vague et obscure.

— Assez! me dit-elle, vous me donnez des douches à la cervelle.

— C'est l'ennui des après-midi. On est sans emploi, on fait mal plutôt que de ne rien faire, et c'est ce qui arrivera toujours en France.

La jeunesse en ce moment à deux côtés : le côté studieux des *méconnus*, le côté ardent des *passionnés*.

— Assez! répéta-t-elle avec un geste d'autorité, vous m'agacez les nerfs.

CHAPITRE VIII

VIII

Où l'on achève de peindre le prince.

Je me hâte, pour achever de vous peindre la Palferine, de me jeter dans ses régions galantes, afin de vous faire comprendre le génie particulier de ce jeune homme, qui représente admirablement une portion de la jeunesse malicieuse, de cette jeunesse assez forte pour rire de la situation où la met l'ineptie des gouvernants, assez calculatrice pour ne rien faire en voyant l'inutilité du travail, assez vive encore pour s'accrocher au plaisir, la seule chose qu'on n'ait pu lui ôter. Mais une cour imbécile et bigote va supprimant tous les déversoirs où se répandraient tant d'aptitudes et de talents. Rien pour ces poètes, rien pour ces jeunes savans.

Pour vous faire comprendre la stupidité de ces gens-là, voici ce qui est arrivé à la Palferine.

§ I.

IL TRAITE DE PUISSANCE A PUISSANCE AVEC LA COUR.

Il existe à la Cour un *employé aux malheurs*, comme il y a dans le théâtre des Funambules un *employé aux trognons de pommes*. Cet employé apprit un jour que la Palferine était dans une horrible détresse, il fit sans doute un rapport, et il apporta cinquante francs à l'héritier de Rusticoli. La Palferine reçut ce monsieur avec une grâce parfaite, et l'entretint des personnages de la Cour.

— Est-il vrai, demanda-t-il, que mademoiselle d'Orléans contribue pour telle somme à ce beau service entrepris pour son neveu par Jeanest? Ce sera fort beau.

La Palferine avait donné le mot à un petit savoyard de dix ans, appelé par lui le *Père Anchise*, leqeul le sert pour rien et duquel il dit :

— Je n'ai jamais vu tant de niaiserie réunie à tant d'intelligence, il passerait dans le feu pour moi, il comprend tout et ne comprend pas que je ne puis rien pour lui.

Anchise ramena de chez un loueur de carrosses un magnifique coupé derrière lequel il y avait un laquais. Au moment où la Palferine entendit le bruit du carrosse, il avait habilement amené la conversation sur les fonctions de ce monsieur, qu'il appelle depuis l'*homme aux misères sans écarts*, il s'était informé de sa besogne et de son traitement.

— Vous donne-t-on une voiture pour courir ainsi la ville ?

— Oh non ! répondit-il.

Sur ce mot, la Palferine et l'ami qui se trouvait avec lui accompagnent le pauvre homme, descendent et le forcent à monter en voiture, car il pleuvait à torrents.

La Palferine avait tout calculé. Il offrit de conduire l'employé là où l'employé allait. Quand le distributeur des aumônes eut fini sa nouvelle visite, il retrouva l'équipage à la porte.

Le laquais lui remit ce mot écrit au crayon.

La voiture est payée pour trois jours par le comte Rusticoli de la Palferine, trop heureux de s'unir aux charité de la Cour en donnant des ailes à ses bienfaits.

La Palferine appelle maintenant la Liste civile une Liste incivile.

§ II.

FINES RAILLERIES DU PRINCE AVEC UNE FEMME D'ESPRIT.

Il fut passionnément aimé d'une femme dont la conduite était un peu légère.

Antonia demeurait rue du Helder, et y était remarquée.

Mais, dans le temps où elle connut le

comte, elle n'avait pas encore été à *pied*. Elle ne manquait pas de cette impertinence d'autrefois que les femmes d'aujourd'hui ont ravalée jusqu'à l'insolence.

Après quinze jours d'un bonheur sans mélange, cette femme fut obligée de revenir, dans les intérêts de sa liste civile, à un système de passion moins exclusive.

En s'apercevant qu'on manquait de franchise avec lui, la Palferine écrivit à madame Antonia cette lettre qui la rendit célèbre.

» Madame,

» Votre conduite m'étonne autant qu'elle
» m'afflige. Non contente de me déchirer le
» cœur par vos dédains, vous avez l'indéli-
» catesse de me retenir une brosse à dents,

» que mes moyens ne me permettent pas de
» remplacer, mes propriétés étant grévées
» d'hypothèques.

» Adieu, trop belle et trop ingrate amie.
» Puissions-nous nous revoir dans un monde
» meilleur !

» Charles-Édouard. »

CHAPITRE IX.

IX.

Avant-dernière contrefaçon du style d'un Académicien.

Assurément (toujours en nous servant du style macaronique de monsieur Sainte-Beuve), ceci surpasse de beaucoup la raillerie de Sterne dans le *Voyage sentimental*, ce serait Scarron sans sa grossièreté. Je ne sais même pas si Molière, dans ses bonnes, n'aurait pas dit, comme du meilleur de Cyrano : Ceci est à moi. Richelieu n'a pas été plus complet en écrivant à la princesse qui l'attendait dans la cour des cuisines au Palais-Royal : *Restez-y, ma reine, pour charmer les marmitons.* Encore la plaisanterie de Charles-Édouard est-elle moins âcre.

Je ne sais si les Romains, si les Grecs ont connu ce genre d'esprit. Peut-être que Platon, en y regardant bien, en a-t-il approché, mais du côté sévère et musical.

CHAPITRE X.

X

Audace et bonheur du prince.

Voici comment il fit la rencontre de Claudine, l'héroïne de cette histoire.

Un jour, un de ces jours inoccupés où la jeunesse se trouve à charge à elle-même, et comme de Marsay, sous la Restauration, ne sort de son énergie et de l'abattement auquel la condamnent d'outrecuidants vieillards que pour mal faire, pour entreprendre de ces énormes bouffonneries qui ont leur excuse dans l'audace même de leur conception, la Palferine errait le long de sa canne, sur le même trottoir, entre la rue de Grammont et la rue Richelieu..

De loin, il voit une femme, une femme mise trop élégamment, et, comme il le dit, garnie d'effets trop coûteux et portés trop négligemment pour n'être pas une princesse de la Cour ou de l'Opéra ; mais, après juillet 1830, selon lui l'équivoque est impossible, la princesse devait être de l'Opéra.

Le jeune comte se met aux côtés de cette femme, comme s'il lui avait donné un rendez-vous ; il la suit avec une opiniâtreté polie, avec une persistance de bon goût, en lui lançant des regards pleins d'autorité, mais à propos, qui forcèrent cette femme à se laisser escorter.

Un autre eût été glacé par l'accueil, déconcerté par les premiers chassez-croisez de la femme, par le froid piquant de son air, par des mots sévères; mais la Palferine lui dit de ces mots plaisants contre lesquels ne tient aucun sérieux, aucune résolution.

Pour se débarrasser de lui, l'inconnue entre chez sa marchande de modes : Charles-Édouard y entre, il s'assied, il donne son avis, il la conseille en homme prêt à payer.

Ce sang-froid inquiète la femme, elle sort.

Sur l'escalier, l'inconnue dit à Palferine, son persécuteur :

— Monsieur, je vais chez une parente de mon mari, une vieille dame, madame de Bonfalot?

— Oh! madame de Bonfalot? répond le comte, mais je suis charmé, j'y vais...

Le couple y va, Charles-Édouard entre avec cette femme, on le croit amené par elle, il se mêle à la conversation, il y prodigue son esprit fin et distingué.

La visite traînait en longueur. Ce n'était pas son compte.

— Madame, dit-il à l'inconnue, n'oubliez pas que votre mari nous attend, il ne nous a donné qu'un quart d'heure.

Confondue par cette audace, qui, vous le savez, vous plaît toujours, entraînée par ce regard vainqueur, par cet air profond et candide à la fois que sait prendre Charles-Édouard, elle se lève, accepte le bras de son cavalier forcé, descend et lui dit sur le seuil de la porte :

— Monsieur, j'aime la plaisanterie...

— Et moi donc, dit-il.

Elle rit.

— Mais il ne tient qu'à vous que cela devienne sérieux, reprit-il. Je suis le comte de la Palferine, et je suis enchanté de pouvoir mettre à vos pieds et mon cœur et ma fortune.

CHAPITRE XI.

XI.

Quelle distinction ?...

La Palferine avait alors vingt-deux ans. Ceci se passait en 1834.

Par bonheur, ce jour-là, le comte était mis avec élégance. Je vais vous le peindre en deux mots : il est le vivant portrait de Louis XIII, il en a le front pâle, gracieux aux tempes, le teint olivâtre, ce teint italien qui devient blanc aux lumières, les cheveux bruns, portés longs, et la royale noire ; il en a l'air sérieux et mélancolique, car sa personne et son caractère forment un contraste étonnant.

En entendant le nom et voyant le personnage, Claudine éprouve comme un frémissement. La Palferine s'en aperçoit; il lui lance un regard de ses yeux noirs profonds, fendus, en amande, aux paupières légèrement ridées et bistrées qui révèlent des joies égales à d'horribles fatigues.

Sous ce coup d'œil elle lui dit : — Votre adresse !

— Quelle maladresse ! répondit-il.

— Ah bah! fit-elle en souriant. Oiseau sur la branche?

— Adieu, madame; vous êtes une femme comme il m'en faut, mais ma fortune est loin de ressembler à mon désir...

Il salue et la quitte net, sans se retourner.

CHAPITRE XII

XII

Fatalité.

Le surlendemain, par une de ces fatalités qui ne sont possibles que dans Paris, il alla chez un de ces marchands d'habits qui prêtent sur gages, lui vendre le superflu de sa garde-robe; il recevait d'un air inquiet le prix, après l'avoir longtemps débattu, quand l'inconnue passe et le reconnaît.

— Décidément, crie-t-il au marchand stupéfait, je ne prends pas votre trompe!

Et il indiquait une énorme trompe bosselée, accrochée en dehors et qui se dessinait sur des habits de chasseurs d'ambassade et de généraux de l'empire. Puis, fier et impétueux, il resuivit la jeune femme.

Depuis cette grande journée de la trompe, ils s'entendirent à merveille.

CHAPITRE XIII.

XIII.

Traité complet, *ex professo Roberto*, **de l'amour.**

Charles-Édouard a sur l'amour les idées les plus justes.

Il n'y a pas, selon lui, deux amours dans la vie de l'homme; il n'y en a qu'un seul, profond comme la mer, mais sans rivages.

A tout âge, cet amour fond sur vous comme la grâce fondit sur saint Paul. Un homme peut vivre jusqu'à soixante ans sans l'avoir ressenti.

Cet amour, selon une superbe expression de Heine, est peut-être la *maladie secrète du cœur*, une combinaison du sentiment de l'infini qui est en nous et du beau idéal qui se révèle sous une forme visible. Enfin cet amour embrasse à la fois la créature et la création.

Tant qu'il ne s'agit pas de ce grand poème, on ne peut traiter qu'en plaisantant des amours qui doivent finir, en faire ce que sont en littérature les poésies légères comparées au poème épique.

Charles-Édouard n'éprouva dans cette liaison ni ce coup de foudre qui annonce ce véritable amour, ni la lente révélation des attraits, la reconnaissance des qualités secrètes qui attachent deux êtres par une puissance croissante.

L'amour vrai n'a que ces deux modes : ou la première vue, qui sans doute est un effet de la seconde vue écossaise, ou la graduelle fusion des deux natures, qui réalise l'androgyne platonique.

Mais Charles-Édouard fut aimé follement. Cette femme éprouvait l'amour complet, idéal et physique; enfin la Palferine fut sa vraie passion à elle.

Pour lui, Claudine n'était qu'une délicieuse maîtresse.

Le diable avec son enfer, qui certes est un puissant magicien, n'aurait jamais pu changer le système de ces deux caloriques inégaux.

J'ose affirmer que Claudine ennuyait souvent Charles-Édouard.

— Au bout de trois jours, la femme qu'on n'aime pas et le poisson gardé sont bons à jeter par la fenêtre, nous disait-il.

CHAPITRE XIV.

XIV

Où l'on voit que la Bohême est française.

En Bohême, le secret s'observe peu sur les amours légères.

La Palferine nous parla souvent de Claudine, néanmoins personne de nous ne la vit, et jamais son nom de femme ne fut prononcé.

Claudine était presque un personnage mythique.

Nous en agissions tout de même, conciliant ainsi les exigences de notre vie en commun et les lois du bon goût.

Claudine, Hortense, la baronne, la bourgeoise, l'impératrice, la lionne, l'Espagnole, étaient des rubriques qui permettaient à chacun d'épancher ses joies, ses soucis, ses chagrins, ses espérances, et de communiquer ses découvertes. On n'allait pas au delà.

Il y a exemple, en Bohême, d'une révélation faite par hasard de la personne dont il était question : aussitôt, par un accord unanime, aucun de nous ne parla plus d'elle.

Ce fait peut indiquer combien la jeunesse a le sens des vraies délicatesses.

Quelle admirable connaissance ont les gens de choix des limites où doivent s'arrêter la raillerie et ce monde de choses françaises désigné sous le mot soldatesque de *blague*, mot qui sera repoussé de la langue, espérons-le, mais qui seul peut faire comprendre l'esprit de la Bohême.

Nous plaisantions donc souvent sur Claudine et sur le comte. C'était des : — Que fais-tu de Claudine ?

— Et ta Claudine ?

— Toujours Claudine ? chanté sur l'air de *Toujours Gessler !* de Rossini, etc.

— Je vous souhaite, pour le mal que je vous veux, nous dit un jour la Palferine, une semblable maîtresse. Il n'y a pas de lévrier, de basset, de caniche qui lui soit comparable pour la douceur, la soumission, la tendresse absolue.

Il y a des moments où je me fais des reproches, où je me demande compte à moi-même de ma dureté. Claudine obéit avec une douceur de sainte. Elle vient, je la renvoie, elle s'en va, elle ne pleure que dans la cour.

Je ne veux pas d'elle pendant une semaine, je lui assigne le mardi suivant, à certaine heure, fût-ce minuit ou six heures du matin, dix heures ou cinq heures, les moments les plus incommodes, celui du déjeûner, du dîner, du lever, du coucher...

Oh! elle viendra, belle, parée, ravissante, à cette heure, exactement! Et elle est mariée! entortillée dans les obligations et les devoirs d'une maison.

Les ruses qu'elle doit inventer, les raisons à trouver pour se conformer à mes caprices nous embarrasseraient, nous autres!... Rien ne la lasse, elle tient bon! Je le lui dis, ce n'est pas de l'amour, c'est de l'entêtement.

Elle m'écrit tous les jours, je ne lis pas ses lettres, elle s'en est aperçue, elle écrit toujours! Tenez, voilà deux cents lettres dans ce coffre.

Elle me prie de prendre chaque jour une de ses lettres pour essuyer mes rasoirs, et je n'y manque pas! Elle croit, avec raison, que la vue de son écriture me fait penser à elle.

La Palferine s'habillait, je pris la lettre dont il allait se servir, je la lus et la gardai sans qu'il la réclamât, la voici :

CHAPITRE XV

XV

Modèle de soumission.

« Eh bien, mon ami, êtes-vous content
» de moi? Je ne vous ai pas demandé cette
» main, qu'il vous eût été facile de me don-
» ner et que je désirais tant de presser sur
» mon cœur, sur mes lèvres. Non, je ne

» vous l'ai pas demandée, je crains trop de
» vous déplaire.

» Savez-vous une chose? Bien que je
» sache cruellement que mes actions vous
» sont parfaitement indifférentes, je n'en
» deviens pas moins d'une extrême timidité
» dans ma conduite. La femme qui vous
» appartient, à quelque titre que ce soit et
» bien que très-secrètement, doit éviter
» d'encourir le plus léger blâme.

» En ce qui est des anges du ciel, pour
« lesquels il n'y a pas de secret, mon
» amour est égal aux plus purs amours;
» mais partout où je me trouve, il me sem-
» ble que je suis toujours en votre pré-
» sence, et je veux vous faire honneur.

» Tout ce que vous m'avez dit sur ma ma-
» nière de me mettre m'a frappée et m'a

» fait comprendre combien les gens de race
» noble sont supérieurs aux autres! Il me
» restait quelque chose de la fille d'Opéra
» dans la coupe de mes robes, dans mes
» coiffures. En un moment, j'ai reconnu la
» distance qui me séparait du bon goût. La
» première fois, vous recevrez une du-
» chesse, vous ne me reconnaîtrez pas.

» Oh! combien tu as été bon pour ta
» Claudine! combien de fois je t'ai remercié
» de m'avoir dit tout cela! Quel intérêt dans
» ce peu de paroles? Tu t'es donc occupé de
» cette chose à toi qui se nomme Claudine?
» Ce n'est pas cet imbécile qui m'aurait
» éclairée, *il* trouve bien tout ce que je fais,
» *il* est d'ailleurs bien trop *pot-au-feu*, trop
» prosaïque pour avoir le sens du beau.

» Mardi va bien tarder à mon impatience!

» Mardi, près de vous pendant plusieurs
» heures! Ah! je m'efforcerai mardi de pen-
» ser que ces heures sont des mois, et que
» je suis ainsi toujours. Je vis en espoir
» dans cette matinée comme je vivrai plus
» tard quand elle sera passée par le souve-
» nir. L'espoir est une mémoire qui dé-
» sire, le souvenir est une mémoire qui a
» joui.

» Quelle belle vie dans la vie nous fait
» ainsi la pensée! Je songe à inventer des
» tendresses qui ne seront qu'à moi, dont
» le secret ne sera deviné par aucune femme.
« Il me prend des sueurs froides qu'il n'ar-
» rive un empêchement. Oh! je briserais
» net avec *lui*, s'il le fallait; mais ce n'est
» pas d'ici que jamais viendra l'empêche-
» ment, c'est de toi, tu pourras vouloir

» aller dans le monde, chez une autre
» femme, peut-être.

» Oh! grâce pour ce mardi! Si tu me
» l'enlevais, Charles, tu ne sais pas tout ce
» que tu *lui* vaudrais, je *le* rendrais fou. Si
» tu ne voulais pas de moi, si tu allais dans
» le monde, laisse-moi venir tout de même,
» te voir habiller, rien que te voir, je n'en
» demande pas davantage, laisse-moi te
» prouver ainsi combien je t'aime pure-
» ment!

» Depuis que tu m'as permis de t'aimer,
» car tu me l'as permis, puisque je suis à
» toi; depuis ce jour, je t'aime de toute la
» puissance de mon âme, et je t'aimerai
» toujours : car, après t'avoir aimé, on ne
» peut plus, on ne doit plus aimer personne.
» Et, vois-tu, quand tu te verras sous u

» regard qui ne veut que voir, tu sentiras
» qu'il y a chez ta Claudine quelque chose
» de divin que tu y as éveillé.

» Hélas! je ne suis point coquette avec
» toi ; je suis comme une mère avec son
» enfant : je souffre tout de toi, moi, si
» impérieuse, si fière ailleurs, moi qui fai-
» sais trotter des ducs, des princes, des
» aides-de-camp de Charles X, qui valaient
» plus que toute la cour actuelle, je te traite
» en enfant gâté. Mais à quoi bon des co-
» quetteries ? ce serait en pure perte. Et
» cependant, faute de coquetterie, je ne
» vous inspirerai jamais d'amour, monsieur !
» Je le sais, je le sens, et je continue en
» éprouvant l'action d'un pouvoir irrésis-
» tible, mais je pense que cet entier aban-
» don me vaudra de vous ce sentiment qu'*il*

» dit être chez tous les hommes pour ce qui
» est leur propriété. »

Mercredi.

« Oh! comme la tristesse est entrée dans
» mon cœur lorsque j'ai su qu'il fallait re-
» noncer au bonheur de te voir hier! Une
» seule idée m'a empêchée de me laisser aller
» dans les bras de la mort : tu le voulais! Ne
» pas venir, c'était exécuter ta volonté, obéir
» à l'un de tes ordres. Ah! Charles! j'étais si
» jolie! tu aurais eu en moi mieux que cette
» belle princesse que tu m'avais donnée en
» exemple, et que j'avais étudiée à l'Opéra.
» Mais tu m'aurais peut-être trouvée hors de
» ma nature. Tiens, tu m'as ôté toute con-
» fiance en moi, je suis peut-être laide. Oh!
» je me fais horreur, je deviens imbécile en

» songeant à mon radieux Charles-Edouard.
» Je deviendrai folle, c'est sûr. Ne ris pas, ne
» me parle pas de la mobilité des femmes. Si
» nous sommes mobiles, vous êtes bien bi-
» zarres, vous ! Oter à une pauvre créature les
» heures d'amour qui la faisaient heureuse
» depuis dix jours, qui la rendaient bonne et
» charmante pour tous ceux qui la venaient
» voir ! Enfin tu étais cause de ma douceur
» avec *lui*, tu ne sais pas le mal que tu lui fais.
» Je me suis demandé ce que je dois inven-
» ter pour te conserver, ou pour avoir seule-
» ment le droit d'être quelquefois à toi...
» Quand je pense que tu n'as jamais voulu
» venir ici ! Avec quelle délicieuse émotion je
» te servirais ! Il y en a de plus favorisées que
» moi. Il y a des femmes à qui tu dis : Je vous
» aime. A moi, tu n'as jamais dis que : Tu es
» une bonne fille. Sans que tu le saches, il

» est certains mots de toi qui me rongent le
» cœur. Il y a des gens d'esprit qui me de-
» mandent quelquefois à quoi je pense : je
» pense à mon abjection, qui est celle de la
» plus pauvre pécheresse en présence du
» sauveur.

Il y avait encore trois pages. Il me la laissa prendre, madame ; et il y avait des traces de larmes qui me semblaient encore chaudes !

CHAPITRE XVI.

XVI

Splendeurs et misères des femmes qui aiment.

Cette lettre me prouva que la Palferine nous disait vrai. Marcel, assez timide avec les femmes, s'extasiait sur une lettre semblable qu'il venait de lire dans son coin avant d'en allumer son cigare.

— Mais toutes les femmes qui aiment écrivent de ces choses-là! s'écria la Palferine. L'amour leur donne à toutes de l'esprit et du style, ce qui prouve qu'en France le style vient des idées et non des mots. Voyez comme cela est bien pensé, comme un sentiment est logique.

Et il nous lut une autre lettre qui était bien supérieure aux lettres factices tant étudiées que nous donnent les auteurs de romans.

Un jour, la pauvre Claudine ayant su la Palferine dans un danger excessif, à cause d'une lettre-de-change, eut la fatale idée de lui apporter dans une bourse ravissamment brodée une somme assez considérable en or.

— Qui t'a faite si hardie de te mêler des affaires de ma maison? lui cria la Palferine en

colère. Raccommode mes chaussettes, brode-
moi des pantoufles, si ça t'amuse. Mais...
Ah! tu veux faire la duchesse, et tu retour-
nes la fable de Danaë contre l'aristocratie.

En disant ces mots, il vida la bourse dans
sa main, et fit le geste de jeter la somme à la
figure de Claudine. Claudine épouvantée, et
ne devinant pas la plaisanterie, se recula,
heurta une chaise, et alla tomber la tête la
première sur l'angle aigu de la cheminée. Elle
se crut morte. La pauvre femme ne dit qu'un
mot, quand, mise sur le lit, elle put parler :
— Je l'ai mérité, Charles!

La Palferine eut un moment de désespoir.
Ce désespoir rendit la vie à Claudine; elle fut
heureuse de ce malheur, elle en profita pour
faire accepter la somme à la Palferine, et le
tirer d'embarras. Puis ce fut le contrepied de
la fable de La Fontaine où un mari rend

grâce aux voleurs de lui faire connaître un mouvement de tendresse chez sa femme.

A ce propos, un mot vous expliquera la Palferine tout entier.

Claudine revint chez elle, elle arrangea comme elle le put un roman pour justifier sa blessure, et fut dangereusement malade. Il se fit un abcès à la tête.

Le médecin, Bianchon, je crois, voulut un jour couper les cheveux de Claudine, qui a des cheveux aussi beaux que ceux de la duchesse de Berry; mais elle s'y refusa, et dit en confidence à Bianchon qu'elle ne pouvait pas les laisser couper sans la permission du comte de la Palferine.

Bianchon vint chez Charles-Edouard. Charles-Edouard l'écoute gravement, et quand Bianchon lui a longuement expliqué le cas et démontré qu'il faut absolument couper les cheveux pour faire sûrement l'opération.

— Couper les cheveux de Claudine ! s'écria-t-il d'une voix péremptoire ; non, j'aime mieux la perdre !

Bianchon, après quatre ans, parle encore du mot de la Palferine, et nous en avons ri pendant une demi-heure.

Claudine, instruite de cet arrêt, y vit une preuve d'affection, elle se crut aimée. En face de sa famille en larmes, de son mari à genoux, elle fut inébranlable, elle garda ses cheveux. L'opération, secondée par cette force intérieure que lui donnait la croyance d'être aimée, réussit parfaitement.

Il y a de ces mouvements d'âme qui mettent

en désordre toutes les bricoles de la chirurgie et les lois de la science médicale.

Claudine écrivit, sans orthographe, sans ponctuation, une délicieuse lettre à la Palferine pour lui apprendre l'heureux résultat de l'opération, en lui disant que l'amour en savait plus que toutes les sciences.

— Maintenant, nous disait un jour la Palferine, comment faire pour me débarrasser de Claudine ?

— Mais elle n'est pas gênante ; elle te laisse maître de tes actions.

— C'est vrai, dit la Palferine, mais je ne veux pas qu'il y ait dans ma vie quelque chose qui s'y glisse sans mon consentement.

Dès ce jour il se mit à tourmenter Claudine : il avait dans la plus profonde horreur une bourgeoise, une femme sans nom. Il lui fallait absolument une femme titrée. Elle avait fait des progrès, c'est vrai. Claudine était mise comme les femmes les plus élégantes du faubourg Saint-Germain ; elle avait su sanctifier sa démarche, elle marchait avec une grâce chaste, inimitable ; mais ce n'était pas assez ! Ces éloges faisaient tout avaler à Claudine.

— Eh bien ! lui dit un jour la Palferine, si tu veux rester la maîtresse d'un la Palferine pauvre, sans le sou, sans avenir, au moins dois-tu le représenter dignement. Tu dois avoir un équipage, des laquais, une livrée, un titre. Donne-moi toutes les jouissances de vanité que je ne puis pas avoir par moi-même. La femme que j'honore de mes bontés ne doit jamais aller à pied. Si elle est éclaboussée, j'en souffre ! Je suis fait comme cela, moi !

Ma femme doit être admirée de tout Paris. Je veux que tout Paris m'envie mon bonheur! Qu'un petit jeune homme, voyant passer dans un brillant équipage une brillante comtesse, se dise : A qui sont de pareilles divinités? et reste pensif. Cela doublera mes plaisirs.

La Palferine nous avoua qu'après avoir lancé ce programme à la tête de Claudine pour s'en débarrasser, il fut étourdi pour la première et sans doute pour la seule fois de sa vie.

— Mon ami, dit-elle avec un son de voix qui trahissait un tremblement intérieur et universel, c'est bien! Tout cela sera fait, ou je mourrai...

Elle lui baisa la main et y mit quelques larmes de bonheur.

— Je suis heureuse, ajouta-t-elle, que tu

m'aies expliqué ce que je dois être pour rester ta maîtresse.

— Et, nous disait la Palferine, elle est sortie en me faisant un petit geste coquet de femme contente. Elle était sur le seuil de ma mansarde, grande, fière, à la hauteur d'une sibylle antique.

CHAPITRE XVII.

XVII.

Résumé.

Tout ceci doit vous expliquer assez les mœurs de la Bohême, dont une des plus brillantes figures est ce jeune *condottiere*. Maintenant voici comme je découvris qui était Claudine, et comment je pus comprendre tout ce qu'il y avait d'épouvantablement vrai dans un mot de la lettre de Claudine auquel vous n'avez peut-être pas pris garde.

Ceci, pour employer un titre inventé par Victor Hugo, est une *autre Guitare !*

La baronne était trop pensive pour rire. Elle me dit, ajouta Nathan, un « Continuez ! » qui me prouva que les grandes dames feraient de belles actrices.

DEUXIÈME PARTIE.

LE MÊME MÉNAGE VU DE PRÈS.

CHAPITRE XVIII.

XVIII.

Silhouette du mari, profil de la femme.

Parmi tous les auteurs dramatiques de Paris, un des mieux posés, des plus rangés, des plus entendus, était, en 1829, du Bruel, dont le nom est inconnu du public. Il s'appelle de Cursy sur les affiches. Sous la restauration, il avait une place de chef de bureau dans un ministère. Attaché de cœur à la branche aînée, il donna bravement sa démission, et fit depuis ce temps deux fois plus de pièces de théâtre pour compenser le déficit que sa belle conduite occasionnait dans son budget des recettes. Du Bruel avait alors quarante ans, sa vie vous est connue.

A l'exemple de quelques auteurs, il portait à une femme de théâtre une de ces affections qui ne s'expliquent pas, et qui cependant existent au vu et au su du monde littéraire.

Cette femme, vous le savez, est Tullia, l'un des anciens premiers sujets de l'Académie royale de musique.

Tullia n'est pour elle qu'un surnom, comme celui de Cursy pour du Bruel.

Pendant dix ans, de 1817 à 1827, cette fille a brillé sur les illustres planches de l'Opéra. Plus belle que savante, médiocre sujet, mais un peu plus spirituelle que ne le sont les danseuses, elle ne donna pas dans la réforme vertueuse qui perdit le corps de ballet, elle continua la dynastie des Guimard. Aussi dut-elle son ascendant à plusieurs protecteurs connus, au duc de Rhétoré, fils du duc de Chaulieu, à l'influence d'un célèbre directeur des beaux-arts, à des diplomates, à de riches étrangers. Elle eut, durant son apogée, un petit hôtel rue Saint-Georges, et vécut comme vivaient les anciennes nymphes de l'Opéra.

Du Bruel s'amouracha d'elle au déclin de

la passion du duc de Réthoré, vers 1823. Simple-sous-chef, du Bruel souffrit le directeur des Beaux-Arts, il se croyait le préféré! Cette liaison devint, au bout de six ans, un quasi-mariage.

Tullia cache soigneusement sa famille, on sait vaguement qu'elle est de Nanterre. Un de ses oncles, jadis simple charpentier ou maçon, grâce à ses recommandations et à de généreux prêts, est devenu, dit-on, un riche entrepreneur de bâtiments. Cette indiscrétion a été commise par du Bruel. Il dit un jour que Tullia recueillerait tôt ou tard une belle succession. L'entrepreneur, qui n'est pas marié, se sent un faible pour sa nièce, à laquelle il a des obligations.

— C'est un homme qui n'a pas assez d'esprit pour être ingrat, disait-elle.

En 1829, elle obtint une pension de retraite. A trente ans, elle se voyait un peu grasse, elle avait essayé vainement la pantomime, elle ne savait rien que se donner *assez de ballon* pour bien enlever sa jupe en pirouettant, à la manière des Noblet, et se montrer quasi nue au parterre.

Le vieux Vestris lui dit, dès l'abord, que ce *temps* bien exécuté, quand une danseuse était d'une belle nudité, valait tous les talents imaginables. C'est l'*ut* de poitrine de la Danse.

Aussi, disait-il, les illustres danseuses, Camargo, Guimard, Taglioni, maigres, brunes, laides, ne peuvent s'en tirer que par du génie.

Devant de plus jeunes sujets plus habiles qu'elle, Tullia se retira dans toute sa gloire et fit bien. Danseuse aristocratique, ayant peu dérogé dans ses liaisons, elle ne voulut pas tremper ses chevilles dans le gâchis de Juillet. Insolente et belle, Claudine avait de beaux souvenirs et peu d'argent, mais les plus magnifiques bijoux et l'un des plus beaux mobiliers de Paris. En quittant l'Opéra, la fille célèbre, aujourd'hui presque oubliée, n'eut plus qu'une idée, elle voulut se faire épouser par du Bruel : elle est aujourd'hui madame du Bruel, mais sans que ce mariage ait été déclaré.

Comment ces sortes de femmes se font épouser après sept ou huit ans d'intimité ? quels ressorts elles poussent ? quelles machines elle mettent en mouvement ? si comique que puisse être ce drame intérieur, ce n'est pas le sujet. Du Bruel est marié secrètement, le fait est accompli.

CHAPITRE XIX.

XIX.

Les métamorphoses de l'Opéra.

Avant son mariage, Cursy passait pour un joyeux compagnon; il ne rentrait pas toujours chez lui, sa vie était quelque peu bohémienne, il se laissait aller à une partie, à un souper; il sortait très-bien pour se rendre à une répétition de l'Opéra-Comique, et se trouvait, sans savoir comment, à Dieppe, à Baden, à Saint-Germain; il donnait à dîner, il menait la vie puissante et dépensière des auteurs, des journalistes et des artistes; il levait très-bien ses droits d'auteur dans toutes les coulisses de Paris, il faisait partie de notre société. Finot, Lousteau, du Tillet, Desroches, Bixiou, Blondet, Couture, des Lupeaulx le supportaient malgré son air pédant et sa lourde attitude de bureaucrate.

Mais une fois mariée, Tullia rendit du Bruel esclave. Que voulez-vous, le pauvre diable aimait Tullia. Tullia venait, disait-elle, de quitter le théâtre pour être tout à lui, pour devenir une bonne et charmante femme. Tullia sut se faire adopter par les femmes les plus jansénistes de la famille du Bruel. Sans qu'on eût jamais compris ces intentions d'abord, elle allait s'ennuyer chez madame de Bonvalot; elle faisait de riches cadeaux à la vieille et avare madame de Chissé, sa grand'tante; elle passa chez cette dame un été, ne manquant pas une seule messe. La danseuse se confessa, reçut l'absolution, communia, mais à la campagne, sous les yeux de la tante.

Elle nous disait l'hiver suivant : — Comprenez-vous ? j'aurai de vraies tantes!

Elle était si heureuse de devenir une bourgeoise, si heureuse d'abdiquer son indépendance, qu'elle trouva les moyens qui pouvaient la mener au but. Elle flattait ces vieilles gens. Elle a été tous les jours, à pied, tenir compagnie pendant deux heures à la mère de du Bruel pendant une maladie. Du Bruel était étourdi du déployement de cette ruse à la Maintenon, et il admirait cette femme sans faire un seul retour sur lui-même : il était déjà si bien ficelé qu'il ne sentait plus la ficelle.

Claudine fit comprendre à du Bruel que le système élastique du gouvernement bourgeois, de la royauté bourgeoise, de la cour bourgeoise était le seul qui pût permettre à une Tullia, devenue madame du Bruel, de faire partie du monde où elle eut le bon sens de ne pas vouloir pénétrer. Elle se contenta d'être reçue chez mesdames de Bonvalot, de Chissé, chez madame du Bruel, où elle posait, sans jamais se démentir, en femme sage, simple, vertueuse. Elle fut, trois ans plus tard, reçue chez leurs amies.

— Je ne peux pourtant pas me persuader que madame du Bruel, la jeune, ait montré ses jambes et le reste à tout Paris, à la lueur de cent becs de lumière ! disait naïvement madame Anselme Popinot.

Juillet 1830 ressemble, sous ce rapport, à l'Empire de Napoléon, qui reçut à sa cour, une ancienne femme de chambre, dans la personne de madame Garat, *épouse* du ministre de la justice. L'ancienne danseuse avait rompu net, vous le devinez, avec toutes ses camarades : elle ne reconnaissait parmi ses anciennes connaissances personne qui pût la compromettre. En se mariant, elle avait pris, rue de la Victoire, un tout petit charmant hôtel entre cour et jardin où elle fit des dépenses folles, et où s'engouffrèrent les plus belles choses de son mobilier et de celui de du Bruel. Tout ce qui parut ordinaire ou commun fut vendu. Pour trouver des analogies au luxe qui soleillait chez elle, on doit remonter jusqu'aux beaux jours des Guimard, de Sophie Arnoult, des Duthé, qui dévorèrent des fortunes princières. Jusqu'à quel point cette riche existence intérieure agissait-elle sur du Bruel? la question, délicate à poser, est plus délicate à résoudre. Pour donner une idée des fantaisies de Tullia, qu'il me suffise de vous parler d'un détail. Le couvre-pieds de son lit est en dentelle de point d'Angleterre, il vaut dix mille francs. Une actrice célèbre en eut un pareil. Claudine le sut; dès-lors elle fit monter sur son lit un magnifique angora. Cette anecdote peint la femme. Du Bruel n'osa pas dire un mot, il eut ordre de propager ce défi de luxe porté à l'*autre*.

Tullia tenait à ce présent du duc de Réthoré ; mais un jour, cinq ans après son mariage, elle joua si bien avec son chat qu'elle déchira le couvre-pieds, en tira des voiles, des volants, des garnitures, et le remplaça par un couvre-pieds de bon sens, par un couvre-pieds qui était un couvre-pieds et non une preuve de la démence particulière à ces femmes qui se vengent par un luxe insensé, comme a dit Théophile Gauthier, d'avoir vécu de pommes crues dans leur enfance.

CHAPITRE XX

XX.

L'habitude est aussi dangereuse que l'amour.

La journée où le couvre-pieds fut mis en lambeaux, marqua, dans le ménage, une ère nouvelle. Cursy se distingua par une féroce activité. Personne ne soupçonne à quoi Paris a dû le Vaudeville Dix-huitième siècle, à poudre, à mouches, qui se rua sur les théâtres. L'auteur de ces mille et un vaudevilles, desquels se sont tant plaints les feuilletonistes, est un vouloir formel de madame du Bruel : elle exigea de son mari l'acquisition de l'hôtel où elle avait fait tant de dépenses, où elle avait casé un mobilier de cinq cent mille francs. Pourquoi ? Jamais Tullia ne s'explique, elle entend admirablement le souverain *parce que* des femmes.

— On s'est beaucoup moqué de Cursy, dit-elle, mais, en définitif, il a trouvé cette maison dans la boîte de rouge, dans la houppe à poudrer et les habits pailletés du dix-huitième siècle. Sans moi, jamais il n'y aurait pensé, reprit-elle en s'enfonçant dans ses coussins au coin de son feu.

Elle nous disait cette parole au retour

d'une première représentation d'une pièce de du Bruel, qui avait réussi, et contre laquelle elle prévoyait une avalanche de feuilletons.

Tullia recevait. Tous les lundis elle donnait un thé ; sa société était aussi bien choisie qu'elle le pouvait, elle ne négligeait rien pour rendre sa maison agréable. On y jouait la bouillotte dans un salon, on causait dans un autre; quelquefois, dans le plus grand, dans un troisième salon, elle donnait des concerts, toujours courts, et auxquels elle n'admettait jamais que les plus éminents artistes. Elle avait tant de bon sens qu'elle arrivait au tact le plus exquis, qualité qui lui donna sans doute un grand ascendant sur du Bruel. Le vaudevilliste, d'ailleurs, l'aimait de cet amour que l'habitude finit par rendre indispensable à l'existence. Chaque jour met un fil de plus à cette trame forte, irrésistible, fine, dont le réseau tient les plus délicates velléités, enserre les plus fugitives passions, les réunit, et garde un homme lié, pieds et poings, cœur et tête. Tullia connaissait bien Cursy, elle savait où le blesser, elle savait comment le guérir.

Pour tout observateur, même pour un homme qui se pique autant que moi d'un certain usage, tout est abîme dans ces sortes de passions, les profondeurs sont là plus ténébreuses que partout ailleurs ; enfin les endroits les plus éclairés ont aussi des teintes brouillées.

Cursy, vieil auteur usé par la vie des coulisses, aimait ses aises, il aimait la vie luxueuse, abondante, facile ; il était heureux d'être roi chez lui, de recevoir une partie des hommes littéraires dans un hôtel où éclatait un luxe royal, où brillaient les œuvres choisies de l'Art moderne. Tullia laissait trôner du Bruel parmi cette gent où se trouvaient des journalistes assez faciles à prendre et à embucquer. Grâce à ses soirées, à des prêts bien placés, Cursy n'était pas trop attaqué, ses pièces réussissaient. Aussi, ne se serait-il pas séparé de Tullia pour un empire. Il eût fait bon marché d'une infidélité, peut-être à la condition de n'éprouver aucun retranchement dans ses jouissances accoutumées. Mais, chose étrange, Tullia ne lui causait aucune crainte en ce genre. On ne connaissait pas de fantaisie à l'ancien Premier Sujet ; et si elle en avait eu, certes elle aurait gardé toutes les apparences.

CHAPITRE XXI.

XXI.

Splendeurs et misères du mari.

— Mon cher, nous disait doctoralement, sur le boulevard du Bruel, il n'y a rien de tel que de vivre avec une de ces femmes qui, par l'abus, sont revenues des passions. Les femmes comme Claudine ont mené leur vie de garçon, elles ont des plaisirs par-dessus la tête, et font les femmes les plus adorables qui se puissent désirer : sachant tout, formées et point bégueules, faites à tout, indulgentes. Aussi, prêché-je à tout le monde d'épouser *un reste de cheval anglais*. Je suis l'homme le plus heureux de la terre.

Voilà ce que me disait du Bruel à moi-même en présence de Bixiou.

— Mon cher, me répondit le dessinateur, il a peut-être raison d'avoir tort.

Huit jours après, du Bruel nous avait priés de venir dîner avec lui, un mardi ; le matin j'allai le voir pour une affaire de théâtre, un arbitrage qui nous était confié par la Commission des auteurs dramatiques ; nous étions forcés de sortir ; mais avant, il entra dans la chambre de Claudine, où il n'entra pas sans frapper, il demanda la permission.

— Nous vivons en grands seigneurs, dit-il en souriant, nous sommes libres. Chacun chez nous.

Nous fûmes admis.

Du Bruel dit à Claudine :

— J'ai invité quelques personnes aujourd'hui.

— Vous voilà! s'écria-t-elle, vous invitez du monde sans me consulter, je ne suis rien ici. Tenez, me dit-elle, en me prenant pour juge par un regard, je vous le demande à vous-même, quand on a fait la folie de vivre avec une femme de ma sorte, car enfin, j'étais une danseuse de l'Opéra... Oui, pour qu'on l'oublie, je ne dois jamais l'oublier moi-même. Eh bien! un homme d'esprit, pour relever sa femme dans l'opinion publique, s'efforcerait de lui supposer une supériorité, de justifier sa détermination par la reconnaissance de qualités éminentes chez cette femme. Le meilleur moyen pour la faire respecter par les autres est de la respecter chez elle, de l'y laisser maîtresse absolue. Ah bien! il me donnerait de l'amour-propre à voir combien il craint d'avoir l'air de m'écouter. Il faut que j'ai dix fois raison pour qu'il me fasse une concession.

Chaque phrase ne passait pas sans une dénégation faite par geste de la part de du Bruel.

— Oh! non, non, reprit-elle vivement en

voyant les gestes de son mari, du Bruel, mon cher, moi qui toute ma vie, avant de vous épouser, ai joué chez moi le rôle de reine, je m'y connais. Mes désirs étaient épiés, satisfaits, comblés... Après tout, j'ai trente-trois ans, et les femmes de trente-trois ans ne peuvent pas être aimées. Oh! si j'avais seize ans, et ce qui se vend si cher à l'Opéra, quelles attentions vous auriez pour moi, monsieur du Bruel! Je méprise souverainement les hommes qui se vantent d'aimer une femme et qui ne sont pas toujours auprès d'elle aux petits soins.

Voyez-vous, du Bruel, vous êtes petit et chafoin, vous aimez à tourmenter une femme, vous n'avez qu'elle sur qui déployer votre force. Un Napoléon se subordonne à sa maîtresse, il n'y perd rien; mais vous autres! vous ne vous croyez plus rien alors, vous ne voulez pas être dominés.

Trente-trois ans, mon cher, me dit-elle, l'énigme est là.

Allons, il dit encore non! Vous savez bien que j'en ai trente-cinq. Je suis bien fâchée, mais allez dire à tous vos amis que vous les mènerez au Rocher de Cancale. Je pourrais leur donner à dîner; mais je ne le veux pas, ils ne viendront pas! Mon pauvre petit monologue vous gravera dans la mémoire le précepte salutaire du Chacun chez soi qui est notre charte, ajouta-t-elle en riant et revenant à la nature folle et capricieuse de la fille d'Opéra.

— Hé bien, oui, ma chère petite minette,

dit du Bruel ; là, ne vous fâchez pas. Nous savons vivre.

Il lui baisa les mains et sortit avec moi ; mais furieux.

De la rue de la Victoire au boulevard, voici ce qu'il me dit, si toutefois les phrases que souffre la typographie parmi les plus violentes injures peuvent représenter les atroces paroles, les venimeuses pensées qui ruisselèrent de sa bouche comme une cascade échappée de côté dans un grand torrent.

— Mon cher, je quitterai cette infâme danseuse ignoble, cette vieille toupie qui a tourné sous le fouet de tous les airs d'opéra, cette guenipe, cette guenon de savoyard ! Oh ! toi qui t'es attaché aussi à une actrice, mon cher, que jamais l'idée d'épouser ta maîtresse ne te poursuive. Vois-tu, c'est un supplice oublié dans l'enfer de Dante. Tiens, maintenant je la battrais, je la cognerais, je lui dirais son fait. Poison de ma vie, elle me fait aller comme un valet de volet.

Il était sur le boulevard, et dans un état de fureur tel que les mots ne sortaient pas de sa gorge.

— Je chausserai mes pieds dans son ventre !

— A propos de quoi ? lui dis-je.

— Mon cher, tu ne sauras jamais les mille myriades de fantaisies de cette gaupe ! Quand je veux rester, elle veut sortir; quand je veux sortir, elle veut que je reste. Ça vous débagoule des raisons, des accusations, des syllogismes, des calomnies, des paroles à rendre fou! Le Bien, c'est leur fantaisie! le Mal, c'est la nôtre! Foudroyez-les par un mot qui leur coupe leurs raisonnements, elles se taisent et vous regardent comme si vous étiez un chien mort. Mon bonheur?... Il s'explique par une servilité absolue, par la vassalité du chien de basse-cour. Elle me vend trop cher le peu qu'elle me donne. Au diable! Je lui laisse tout et je m'enfuirai dans une mansarde. Oh! la mansarde et la liberté! Voici cinq ans que je n'ose faire ma volonté!

CHAPITRE XXII

XXII

Des péripéties conjugales.

Au lieu d'aller prévenir ses amis, Cursy resta sur le boulevard, arpentant l'asphalte depuis la rue de Richelieu jusqu'à la rue du Mont-Blanc, en se livrant aux plus furieuses imprécations et aux exagérations les plus comiques. Il était dans la rue en proie à un paroxisme de colère qui contrastait avec son calme à la maison. Sa promenade servit à user la trépidation de ses nerfs et la tempête de son ame.

Vers deux heures, dans un de ses mouvements désordonnés, il s'écria :

— Ces damnées femelles ne savent ce qu'elles veulent. Je parie ma tête à couper que, si je retourne chez moi lui dire que j'ai prévenu mes amis et que nous dînons au Rocher-de-Cancale, cet arrangement demandé par elle ne lui conviendra plus. Mais, me dit-il, elle aura décampé. Peut-être y a-t-il là-dessous un rendez-vous avec quelque barbe de bouc ! Non, car elle m'aime au fond !

Il n'y a que les femmes et les prophètes qui sachent faire usage de la Foi. Du Bruel me ramena chez lui, nous y allâmes lentement. Il était trois heures.

Avant de monter, il vit du mouvement dans la cuisine, il y entre, voit des apprêts et me regarde en interrogeant sa cuisinière.

— Madame a commandé un dîner, répondit-elle, madame est habillée, elle a fait venir une voiture, puis elle a changé d'avis, elle a renvoyé la voiture en la redemandant pour l'heure du spectacle.

— Eh bien ! s'écria du Bruel, que te disais-je !

Nous entrâmes à pas de loup dans l'appartement. Personne. De salon en salon, nous arrivâmes jusqu'à un boudoir où nous surprîmes Tullia pleurant.

Elle essuya ses larmes sans affectation et dit à du Bruel :

— Envoyez au Rocher-de-Cancale un petit mot pour les prévenir que le dîner a lieu ici.

CHAPITRE XXIII.

XXIII.

Un croquis.

Madame du Bruel avait une de ces toilettes que les femmes de théâtre ne savent pas composer : élégante, harmonieuse de ton et de formes, des coupes simples, des étoffes de bon goût, ni trop chères, ni trop communes, rien de voyant, rien d'exagéré, mot que l'on efface sous le mot *artiste* avec lequel se paient les sots. Enfin, elle avait l'air comme il faut.

A trente-cinq ans, Tullia se trouve à la plus belle phase de la beauté chez les Françaises.

Le célèbre ovale de son visage était, en ce moment, d'une pâleur divine, elle avait ôté son chapeau ; je voyais le léger duvet, cette fleur des fruits, adoucissant les contours moëlleux déjà si fins de sa joue. Sa figure accompagnée de deux grappes de cheveux blonds avait une grâce triste. Ses yeux gris étincelants étaient noyés dans la vapeur des larmes. Son nez mince, digne du plus beau camée romain, et dont les ailes battaient, sa petite bouche enfantine encore, son long col de reine à veines un peu gonflées, son menton rougi pour un moment par quelque désespoir secret, ses oreilles bordées de rouge, ses mains tremblantes sous le gant, tout accusait des émotions violentes. Ses sourcils agités par des mouvements fébriles trahissaient une douleur. Elle était sublime. Son mot écrasa du Bruel.

Elle nous jeta ce regard de chatte, pénétrant et impénétrable qui n'appartient qu'aux femmes du grand monde et aux femmes du théâtre ; puis elle tendit la main à du Bruel.

— Mon pauvre ami, dès que tu as été parti je me suis fait mille reproches. Je me suis accusée d'une effroyable ingratitude et je me suis dit que j'avais été mauvaise. Ai-je été bien mauvaise? me demanda-t-elle. Pourquoi ne pas recevoir tes amis? n'es-tu pas chez toi? veux-tu savoir le mot de tout cela? Eh bien! j'ai peur de ne pas être aimée. Enfin j'étais entre le repentir et la honte de revenir, quand j'ai lu les journaux, j'ai vu une première aux Variétés, j'ai cru que tu voulais traiter un collaborateur : seule, j'ai été faible, je me suis habillée pour courir après toi.... pauvre chat!

Du Bruel me regarda d'un air victorieux, il ne se souvenait pas de la moindre de ses oraisons *contra Tullia*.

— Eh bien, cher ange, je ne suis allé chez personne.

— Comme nous nous entendons! s'écria-t-elle.

CHAPITRE XXIV.

XXIV.

Le mot de l'énigme.

Au moment où elle disait cette ravissante parole, je vis à sa ceinture un petit billet passé en travers, mais je n'avais pas besoin de cet indice pour deviner que les fantaisies de Tullia se rapportaient à des causes occultes.

La femme est, selon moi, l'être le plus logique, après l'enfant. Tous deux offrent le sublime phénomène du triomphe constant de la pensée unique.

Chez l'enfant, la pensée change à tout moment, mais il ne s'agite que pour cette pensée, et avec une telle ardeur, que chacun lui cède, fasciné par l'ingénuité, par la persistance du désir.

La femme change moins souvent; mais l'appeler fantasque est une injure d'ignorant. En agissant, elle est toujours sous l'empire d'une passion, et c'est merveille de voir comme elle fait de cette passion le centre de la nature et de la société.

Tullia fut chatte, elle entortilla du Bruel; la journée redevint bleue et le soir fut magnifique.

Ce spirituel vaudevilliste ne s'apercevait pas de la douleur enterrée dans le cœur de sa femme.

— Mon cher, me dit-il, voilà la vie : des oppositions, des contrastes!

— Surtout quand ce n'est pas joué! répondis-je.

— Je l'entends bien ainsi, reprit-il; mais sans ces violentes émotions, on mourrait d'ennui! Ah! cette femme a le don de m'émouvoir!

Après le dîner, nous allâmes aux Variétés; mais, avant le départ, je me glissai dans l'appartement de du Bruel, j'y pris sur une planche, parmi des papiers sacrifiés, le numéro des *Petites Affiches* où se trouvait la notification du contrat de l'hôtel acheté par du Bruel, exigée pour la purge légale.

En lisant ces mots qui me sautèrent aux yeux comme une lueur : *A la requête de Jean-François du Bruel et de Claudine Chaffaroux, son épouse,* tout fut expliqué pour moi. Je pris le bras de Claudine et j'affectai de laisser descendre tout le monde avant nous.

Quand nous fûmes seuls : — Si j'étais la Palferine, lui dis-je, je ne ferais jamais manquer de rendez-vous !

Elle se posa gravement un doigt sur ses lèvres, et descendit en me pressant le bras; elle me regardait avec une sorte de plaisir en pensant que je connaissais la Palferine.

Savez-vous quelle fut sa première idée ?
Elle voulut faire de moi son espion, mais
elle rencontra le badinage de la Bohême.

CHAPITRE XXV

XXV

Le rôle de cadavre.

Un mois après, au sortir d'une première représentation d'une pièce de du Bruel, il pleuvait, nous étions ensemble, j'allai chercher un fiacre.

Nous étions restés, pendant quelques instants, sur le théâtre, et il ne se trouvait plus de voitures à l'entrée.

Claudine gronda fort du Bruel ; et quand nous roulâmes, car elle me reconduisit chez Florine, elle continua la querelle en lui disant les choses les plus mortifiantes.

— Eh bien, qu'y a-t-il? demandai-je.

— Mon cher, elle me reproche de vous avoir laissé courir après le fiacre, et part de là pour vouloir désormais un équipage.

— Je n'ai jamais, étant premier sujet, fait usage de mes pieds que sur les planches. Si vous avez du cœur, vous inventerez quatre pièces de plus par an, vous songerez qu'elles doivent réussir en songeant à la destination de leur produit, et votre femme n'ira pas dans la crotte. C'est une honte que j'aie à le demander. Vous auriez dû deviner mes perpétuelles souffrances depuis six ans que me voici mariée !

— Je le veux bien, répondit du Bruel, mais nous nous ruinerons.

— Si vous faites des dettes, répondit-elle, la succession de mon oncle les payera.

— Vous êtes bien capable de me laisser les dettes et de garder la succession.

— Ah ! vous le prenez ainsi, répondit-elle. Je ne vous dis plus rien. Un pareil mot me ferme la bouche.

Aussitôt du Bruel se répandit en excuses et en protestations d'amour : elle ne répondit pas. Il lui prit les mains, elle les lui laissa prendre; elles étaient comme glacées, comme des mains de morte.

Tullia, vous comprenez, jouait admirablement ce rôle de cadavre que jouent les femmes, afin de vous prouver qu'elles vous refusent leur consentement à tout, qu'elles vous suppriment leur âme, leur esprit, leur vie, et se regardent elles-mêmes comme une bête de somme. Il n'y a rien qui pique plus les gens de cœur. Elles ne peuvent cependant employer ce moyen qu'avec ceux qui les adorent.

— Croyez-vous, me dit-elle de l'air le plus méprisant, qu'un comte aurait proféré pareille injure, quand même il l'aurait pensée? Pour mon malheur, j'ai vécu avec des ducs, avec des ambassadeurs, avec des grands seigneurs, et je connais leurs manières. Comme

cela rend la vie bourgeoise insupportable!
Après tout un vaudevilliste n'est ni un Rastignac, ni un Réthoré...

Du Bruel était blême.

CHAPITRE XXVI.

XXVI

Sur l'air : *C'est l'amour,* etc.

Deux jours après, du Bruel et moi nous nous rencontrâmes au foyer de l'Opéra ; nous fîmes quelques tours ensemble, et la conversation tomba sur Tullia.

— Ne prenez pas au sérieux, me dit-il, mes folies sur le boulevard, je suis violent.

Pendant deux hivers, je fus assez assidu chez du Bruel, et je suivis attentivement les manéges de Claudine. Elle eut un brillant équipage et du Bruel se lança dans la politique, elle lui fit abjurer ses opinions royalistes. Il se rallia, fut replacé dans l'administration de laquelle il faisait autrefois partie ; elle lui fit briguer les suffrages de la garde nationale, il y fut élu chef de bataillon ; il se montra si valeureusement dans une émeute, qu'il eut la rosette d'officier de la Légion-d'Honneur, et fut nommé maître des requêtes, chef de division.

L'oncle Chaffaroux mourut, laissant quarante mille livres de rentes à sa nièce, la moitié de sa fortune environ.

Du Bruel fut nommé député, mais auparavant, pour n'être pas soumis à la réélection, il se fit nommer conseiller d'état et directeur. Il réimprima des traités d'archéologie, des œuvres de statistique, et deux brochures politiques qui devinrent le prétexte de sa nomination à l'une des complaisantes Académies de l'Institut.

En ce moment, il est commandeur de la Légion, et s'est tant remué dans les intrigues de la chambre qu'il vient d'être nommé pair de France et comte. Notre ami n'ose pas encore porter ce titre, sa femme seule met sur ses cartes : *la comtesse du Bruel.*

L'ancien vaudevilliste a l'orde de Léopold, l'ordre d'Isabelle, la croix de Saint-Wladimir, deuxième classe, l'ordre du Mérite civil de Bavière, l'ordre papal de l'Éperon d'Or ; enfin, il porte toutes les petites croix, outre sa grande.

Il y a trois jours, Claudine est venue à la porte de la Palferine, dans son brillant équipage armorié. Du Bruel est petit-fils d'un traitant anobli sur la fin du règne de Louis XIV, ses armes ont été composées par Chérin et la couronne comtale ne messied pas à ce blason, qui n'offre aucune des ridiculités impériales.

Ainsi Claudine avait exécuté, dans l'espace de deux années, les conditions du programme que lui avait imposé le charmant, le joyeux la Palferine. Un jour, il y a de cela un mois, elle monte l'escalier du méchant hôtel où loge son amant, et grimpe dans sa gloire, mise comme une vraie comtesse du faubourg Saint-Germain, à la mansarde de notre ami.

La Palferine voit Claudine et lui dit :

— Je sais que tu t'es fait nommer pair.

Mais il est trop tard, Claudine, tout le monde me parle de la Croix du Sud, je veux la voir.

— Je te l'aurai, dit-elle.

Là-dessus, la Palferine partit d'un rire homérique.

— Décidément, reprit-il, je ne veux pas, pour maîtresse, d'une femme qui ne sait rien, ignorante comme un brochet, et qui fait de tels sauts de carpe qu'elle va des coulisses de l'Opéra à la cour, car je te veux voir à la cour citoyenne.

— Qu'est-ce que la Croix du Sud? me dit-elle d'une voix triste et humiliée.

Saisi d'admiration pour cette intrépidité de l'amour vrai qui, dans la vie réelle comme dans les fables les plus ingénues de la féerie, s'élance dans des précipices pour y conquérir la fleur qui chante ou l'œil du Rok, je lui expliquai que la Croix du Sud était un amas de nébuleuses, disposé en forme de croix, plus brillant que la voix Lactée et qui ne se voyait que dans les mers du Sud.

— Eh! bien, lui dit-elle, Charles, allons-y?

Malgré la férocité de son esprit, la Palferine eut une larme aux yeux ; mais quel regard et quel accent chez Claudine ! je n'ai rien vu de comparable, dans ce que les efforts des grands acteurs ont eu de plus extraordinaire, au mouvement par lequel en voyant ces yeux si durs pour elle, mouillés de larmes. Claudine tomba sur ses deux genoux, et baisa la main de cet impitoyable la Palferine ; il la releva, prit son grand air, ce qu'il nomme l'air *Rusticoli*, et lui dit :

— Allons, mon enfant, je ferai quelque chose pour toi. Je te mettrai dans mon testament.

CHAPITRE XXVII.

XXVII

Fin ou Fi!

— Eh! bien, dis-je en finissant, à la jeune madame de Rastignac à qui je racontais cette histoire de la plus exacte vérité dans tous ces détails, je me demandais si du Bruel est joué. Certes, il n'y a rien de plus comique, de plus étrange que de voir les plaisanteries d'un jeune homme insouciant faisant la loi d'un ménage, d'une famille, ses moindres caprices y commandant, y décommandant les résolutions les plus graves. Le fait du dîner s'est, vous comprenez, renouvelé dans mille occasions et dans un ordre de choses importantes! Mais sans les fantaisies de sa femme, du Bruel serait encore de Cursy, un vaudevilliste parmi cinq cents vaudevillistes; tandis qu'il est à la chambre des pairs.

— Appelez-vous cela de l'avancement? répondit-elle en souriant au milieu d'une tristesse profonde.

La jolie baronne avait les yeux humides et y passait les dentelles de son mouchoir.

— Qu'avez-vous?

— Mon cher Nathan, dit-elle en me lançant un amer sourire, je sais un autre ménage où c'est le mari qui est aimé, et où c'est la femme qui est du Bruel.

J'avais oublié, comme cela arrive souvent à nous autres gens d'imagination, qu'après quinze ans d'une liaison continue, et après avoir, selon le mot de la Bourgoin, essayé son gendre, la baronne Delphine de Nucingen avait marié sa fille à Rastignac. Vous savez que la vieille financière gouverne entièrement cet homme d'état sans qu'il s'en aperçoive. La jeune baronne de Rastignac a fini par apprendre la dernière ce que tout Paris savait.

— Vous allez publier cela ? dit Nathan.

— Certes.

— Et le dénoûment ?

— Je ne crois pas au dénoûments, il faut

en faire quelques-uns de beaux pour montrer que l'art est aussi fort que le hasard; mais, mon cher, on ne relit une œuvre que pour ses détails.

— Mais il y a un dénoûment, me dit Nathan.

— Eh, lequel?

— La jeune baronne de Rastignac est folle de Charles-Édouard. Mon récit avait piqué sa curiosité.

— Oui, mais la Palferine?

— Il l'adore.

— Oh! la malheureuse!

Août 1840.

FIN

TABLE

DES CHAPITRES.

Chap. XXXII. — La réflexion du jeune homme et celle de l'homme marié. . . 3
XXXIII. — Les commandements de l'Église. 13
XXXIV. — La réponse. 23
XXXV. — Pauvre Maurice. 35
XXXVI. — Une trompeuse réconciliation. 41
XXXVII. — Le dernier soupir d'Honorine. 57

XXXVIII.	— Deux dénoûments.	67
XXXIX.	— Une question.	75
XL.	— Le dernier mot de tout cela.	81

UN PRINCE DE LA BOHÊME. 85

DÉDICACE. 87

PREMIÈRE PARTIE. — Un ménage vu de loin. . . . 93

Chap. I.	— Ce que c'est que la Bohême à Paris	97
II.	— Comme quoi le prince est presque prince.	105
III.	— Où l'on essaie d'expliquer l'esprit du prince.	113
§ Ier.	— Elévation du prince.	115
§ II.	— Facéties du prince.	118
§ III.	— Dignité du prince.	119
§ IV.	— Politique du prince.	121
	— Mœurs du prince.	123
IV.	— Moralités familières à un académicien.	127
V.	— Madame s'impatiente.	133
VI.	— Autre trait de caractère.	
§ Ier.	— Comme il traite le créancier.	137
§ II.	— Générosité du prince.	139
§ III.	— Courage du prince.	141
VII.	— Madame se refuse, non pas à lire, mais à écouter le Sainte-Beuve.	145

TABLE.   313

 VIII. — Où l'on achève de peindre le prince.   151
   § I$_{er}$. — Il traite de puissance à
    puissance avec la cour.   154
   § II. — Fines railleries du prince
    avec une femme d'es-
    prit.   157
 IX. — Avant-dernière contrefaçon du style
   d'un académicien.   163
 X. — Audace et bonheur du prince.   167
 XI. — Quelle distinction?...   175
 XII. — Fatalité.   181
 XIII. — Traité complet, *ex professo Roberto*,
   de l'amour.   185
 XIV. — Où l'on voit que la Bohême est fran-
   çaise.   191
 XV. — Modèle de soumission.   199
 XVI. — Splendeurs et misères des femmes
   qui aiment.   211
 XVII. — Résumé.   223

DEUXIÈME PARTIE. — Le même ménage vu de près.   225

 XVIII. — Silhouette du mari, profil de la
   femme.   229
 XIX. — Les métamorphoses de l'Opéra.   239
 XX. — L'habitude est aussi dangereuse que
   l'amour.   249
 XXI. — Splendeurs et misères du mari.   257
 XXII. — Des péripéties conjugales.   269
 XXIII. — Un croquis.   275

XXIV. — Le mot de l'énigme. 281
XXV. — Le rôle de cadavre. 289
XXVI. — Sur l'air : *C'est l'Amour,* etc. . . 297
XXVII. — Fin ou fi ! 307

FIN DE LA TABLE DU DERNIER VOLUME.

Fontainebleau. — Impr. de E. JACQUIN.

En vente.

LE BRIGAND DE LA LOIRE, par AUGUSTE RICARD, 2 vol. in-8.

LE BÉARNAIS, par M. J. BRISSET, 2 vol. in-8.

JEANNE, par GEORGE SAND, 5 vol. in-8.

LE BERGER ROI, par Madame CHARLOTTE DE SOR, 2 vol. in-8.

LES ANNEAUX D'UNE CHAINE, par M. le Vte D'ARLINCOURT, 2 vol. in-8.

LE CAPITAINE LACUZON, par LOUIS JOUSSERANDOT, 2 vol. in-8.

La Reine des Carabines, par MAXIMILIEN PERRIN, 2 vol. in-8.

LE FAUX FRÈRE, par Madame SOPHIE GAY, 2 vol. in-8.

www.ingramcontent.com/pod-product-compliance
Lightning Source LLC
Chambersburg PA
CBHW060408170426
43199CB00013B/2053